6 bis 12 Jahre

Petra Hartmann

Aufmerksamkeit lenken & Konzentration halten

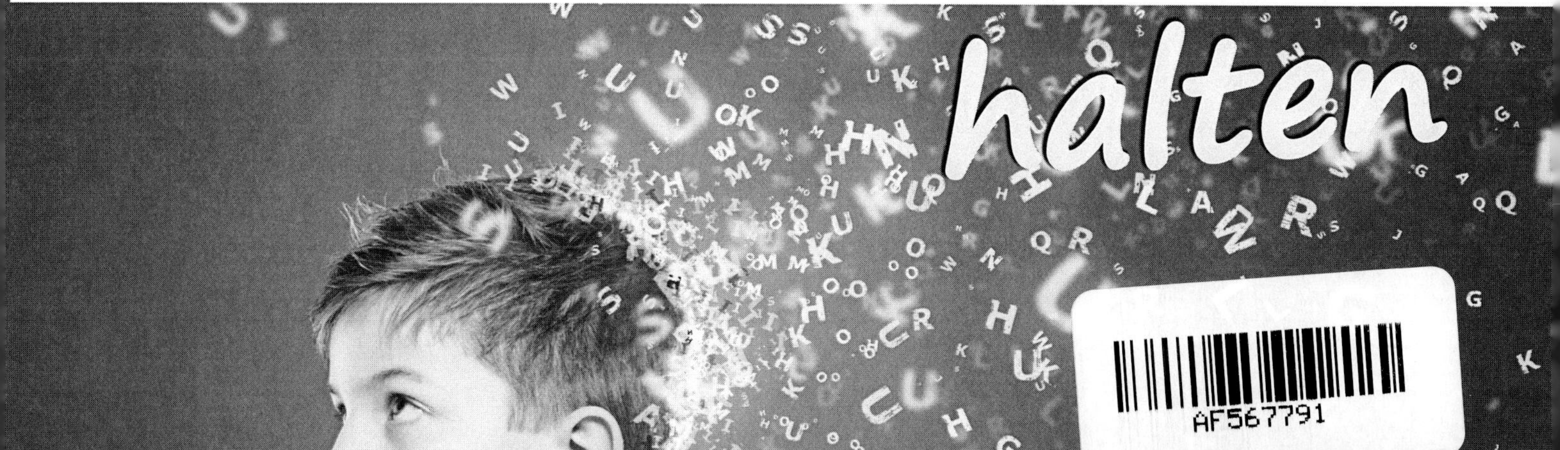

1 2 3

2 Richtungen, Größen und Unterschiede erkennen

www.kohlverlag.de

Aufmerksamkeit lenken & Konzentration halten

Band 2: Richtungen, Größen und Unterschiede erkennen

1. Auflage 2021

Inhalt & Graphiken: Petra Hartmann
Umschlagbild: © lassedesignen - AdobeStock.com
Redaktion: Kohl-Verlag
Grafik & Satz: Simone Demler & Kohl-Verlag
Druck: Druckhaus DOC GmbH, Kerpen

Bestell-Nr. 12 803

ISBN: 978-3-98558-204-4

Der vorliegende Band ist eine Print-Einzellizenz

Sie wollen unsere Kopiervorlagen auch digital nutzen? Kein Problem – fast das gesamte KOHL-Sortiment ist auch sofort als PDF-Download erhältlich! Wir haben verschiedene Lizenzmodelle zur Auswahl:

	Print-Version	PDF-Einzellizenz	PDF-Schullizenz	Kombipaket Print & PDF-Einzellizenz	Kombipaket Print & PDF-Schullizenz
Unbefristete Nutzung der Materialien	x	x	x	x	x
Vervielfältigung, Weitergabe und Einsatz der Materialien im eigenen Unterricht	x	x	x	x	x
Nutzung der Materialien durch alle Lehrkräfte des Kollegiums an der lizensierten Schule			x		x
Einstellen des Materials im Intranet oder Schulserver der Institution			x		x

Die erweiterten Lizenzmodelle zu diesem Titel sind jederzeit im Online-Shop unter www.kohlverlag.de erhältlich.

Inhaltsverzeichnis

Vorwort 4

1 Übung zur Aufmerksamkeit und Konzentration
Richtungen erkennen (rechts/links) .... 5 - 10

2 Übung zur Aufmerksamkeit und Konzentration
Richtungen erkennen (oben/unten) .... 11 - 16

3 Übung zur Aufmerksamkeit und Konzentration
Bilder nach der Größe sortieren (1 – 6) .... 17 - 22

4 Übung zur Aufmerksamkeit und Konzentration
Vorgegebene Bilder (Schwierigkeitsstufe 2) finden .... 23 - 34

5 Übung zur Aufmerksamkeit und Konzentration
Vorgegebene Bilder (Schwierigkeitsstufe 3) finden .... 35 - 42

6 Übung zur Aufmerksamkeit und Konzentration
Bilder nach der Größe sortieren (1 – 9) .... 43 - 48

7 Übung zur Aufmerksamkeit und Konzentration
Bildunterschiede erkennen .... 49 - 53

8 Übung zur Aufmerksamkeit und Konzentration
Bilder zählen .... 54 - 58

9 Lösungen .... 59 - 64

KOHL VERLAG
Aufmerksamkeit lenken & Konzentraton halten
Band 2: Richtungen, Größen und Unterschiede erkennen – Bestell-Nr. 12 803

Vorwort

Liebes Trainingskind,

mit der *Aufmerksamkeit* ist der Moment der Wahrnehmung gemeint. Du nimmst also eine Aufgabe wahr und lenkst deine ganze Aufmerksamkeit gezielt auf diese Aufgabe.

Mit der *Konzentration* ist die Fähigkeit gemeint, die Gedanken für eine längere Zeit bewusst auf eine Aufgabe zu lenken. Dies bedeutet, dass du dich möglichst so lange auf diese eine Aufgabe konzentrierst, bist du sie fertiggestellt hast. Du versuchst somit, deine Konzentration für eine längere Zeit ohne Unterbrechung zu halten.

Die Dauer (ca. 15 min. – ca. 25 min.) der Konzentration ist von Kind zu Kind unterschiedlich. Auch spielt das Alter hier eine wichtige Rolle; deshalb solltest du regelmäßig kleine Pausen machen.

In diesem Trainingsheft findest du viele Übungen in drei Schwierigkeitsstufen, um deine *Aufmerksamkeit* und *Konzentration* intensiv zu trainieren und gleichzeitig stärkst du dabei auch deine Geduld & Ausdauer!

Diese Übungen sind leicht verständlich und können selbstständig erarbeitet werden. Mit Hilfe der Lösungen im Anhang kannst du deine Ergebnisse selbst überprüfen.

Fange am besten gleich an.

Viel Spaß und Erfolg beim Lernen wünschen der Kohl-Verlag und

Petra Hartmann

Übungen zur Aufmerksamkeit und Konzentration
(für die Klassenstufen 1 – 6)

Die Aufgaben wurden erstellt von

Lernberaterin / Lerncoach
Diplomierte Legasthenie- und
Dyskalkulietrainerin®

1 Übung zur Aufmerksamkeit und Konzentration

Schaue dir die Bilder genau an. Wie viele Tiere gehen **von dir aus gesehen nach rechts***? Markiere diese Bilder und trage die Anzahl in das Kästchen ein.*

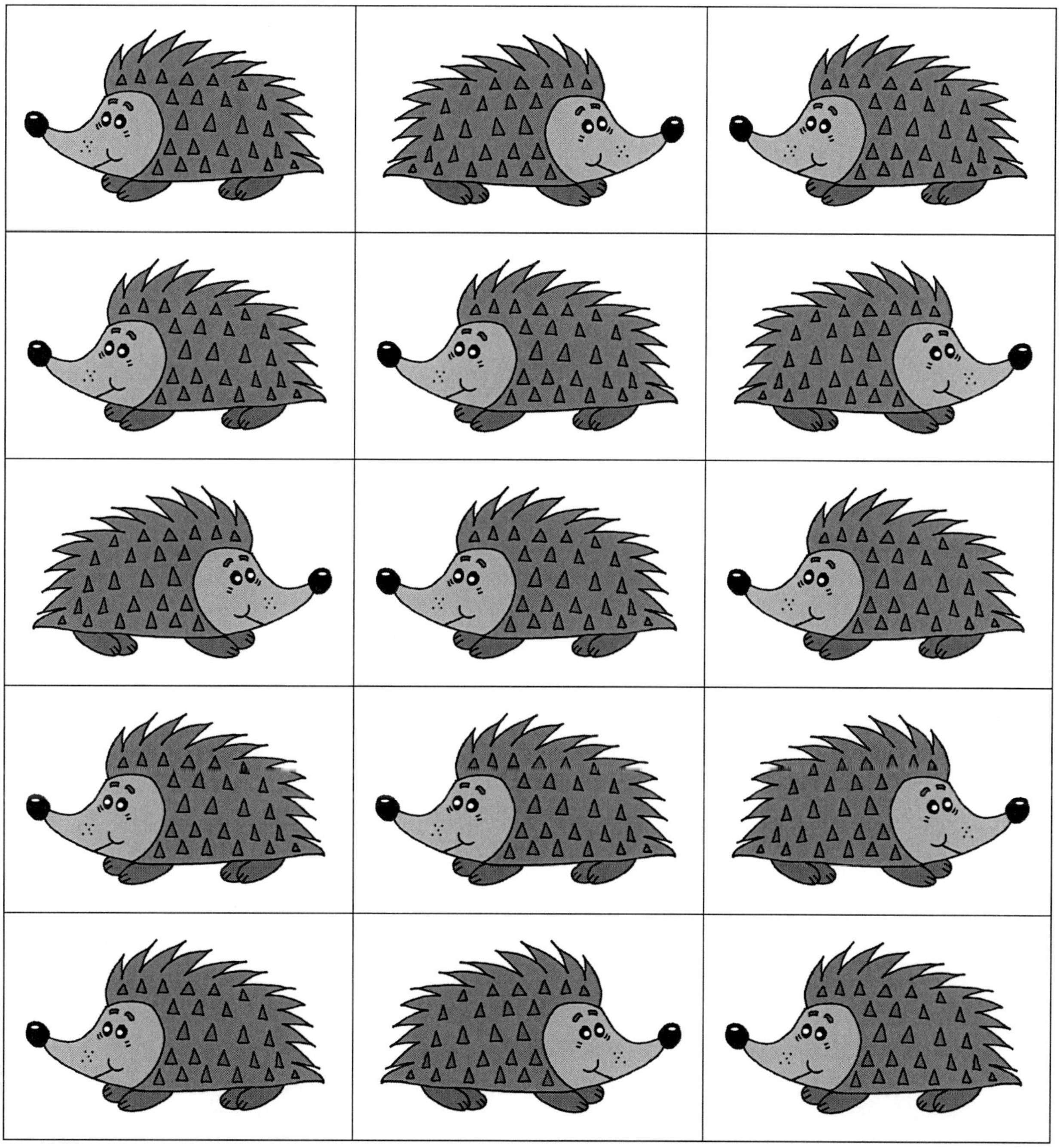

KOHL VERLAG
Aufmerksamkeit lenken & Konzentraton halten
Band 2: Richtungen, Größen und Unterschiede erkennen – Bestell-Nr. 12 803

1

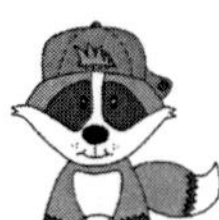

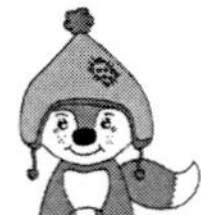

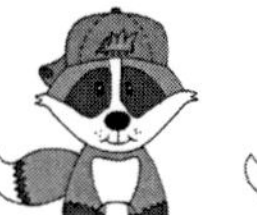

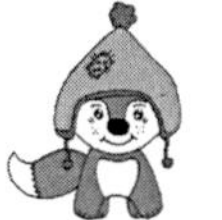

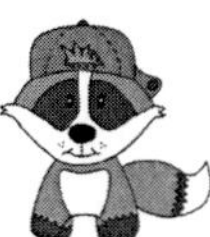

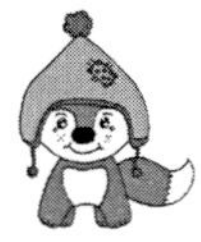

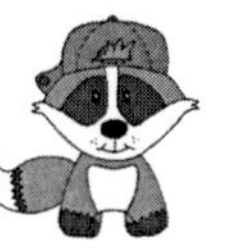

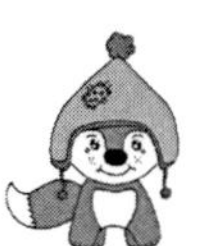

2 Übung zur Aufmerksamkeit und Konzentration

Schaue dir die Bilder genau an. Wie viele Tiere gehen **von dir aus gesehen nach rechts***? Markiere diese Bilder und trage die Anzahl in das Kästchen ein.*

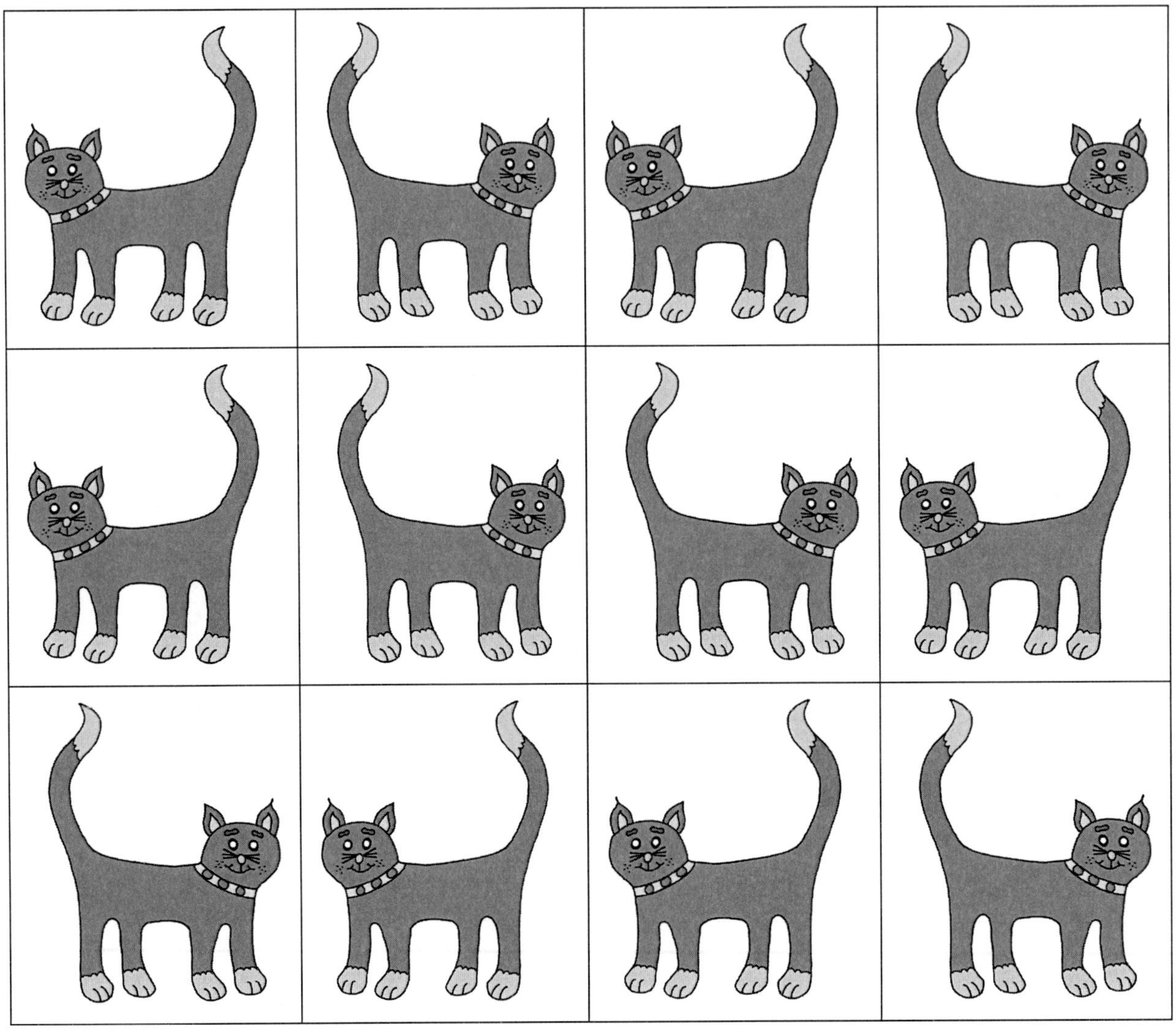

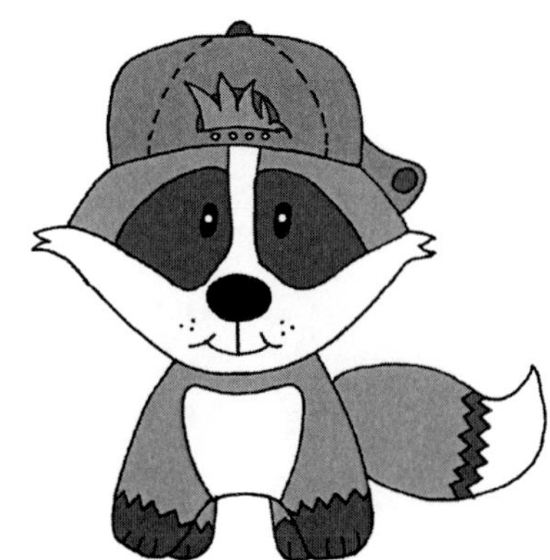

KOHL VERLAG Lernen mit Erfolg
Aufmerksamkeit lenken & Konzentraton halten
Band 2: Richtungen, Größen und Unterschiede erkennen – Bestell-Nr. 12 803

1

3 Übung zur Aufmerksamkeit und Konzentration

Schaue dir die Bilder genau an. Wie viele Tiere schwimmen **von dir aus gesehen nach rechts***? Markiere diese Bilder und trage die Anzahl in das Kästchen ein.*

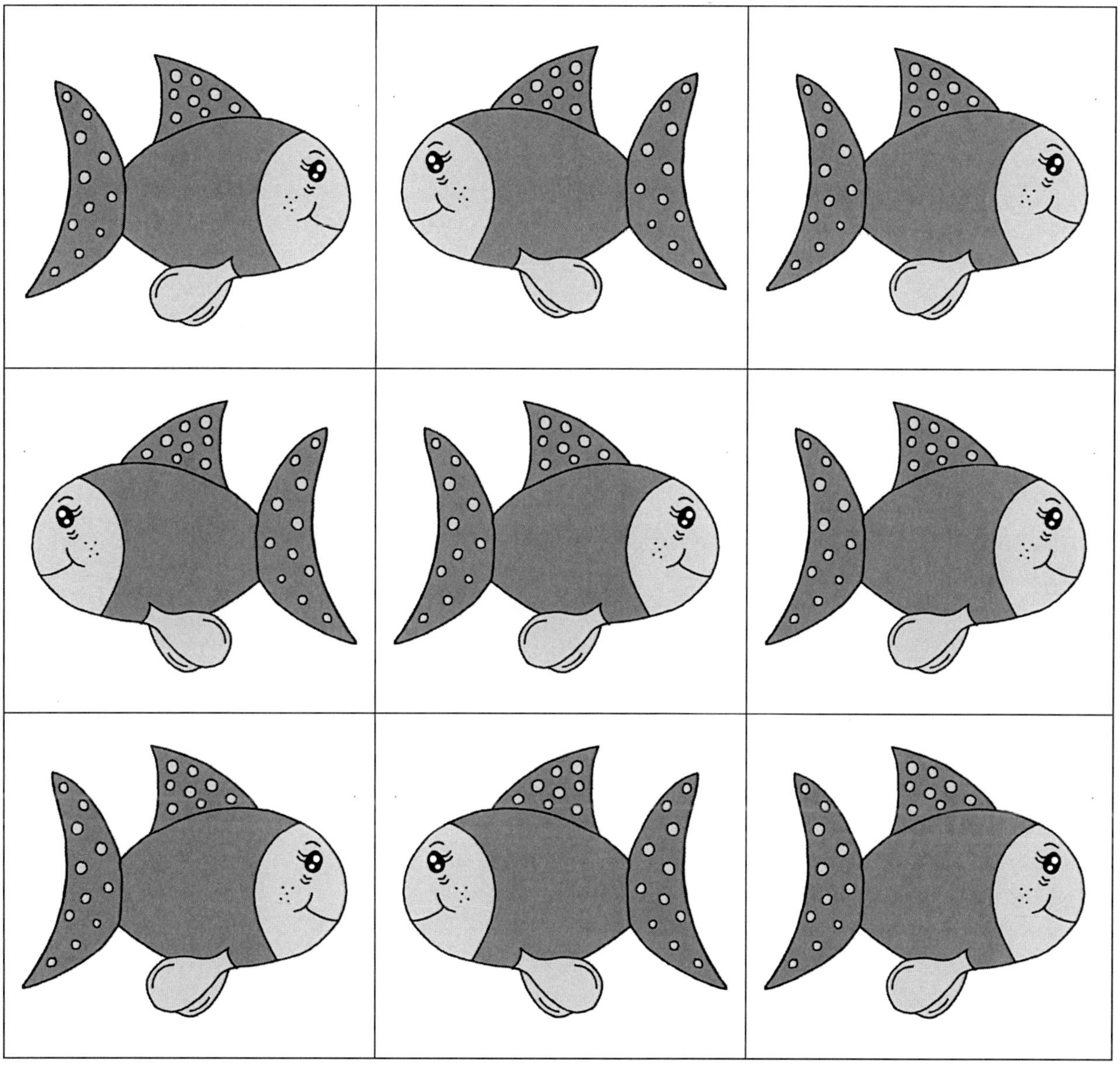

4 Übung zur Aufmerksamkeit und Konzentration

Schaue dir die Bilder genau an. Wie viele Tiere gehen **von dir aus gesehen nach links**? *Markiere diese Bilder und trage die Anzahl in das Kästchen ein.*

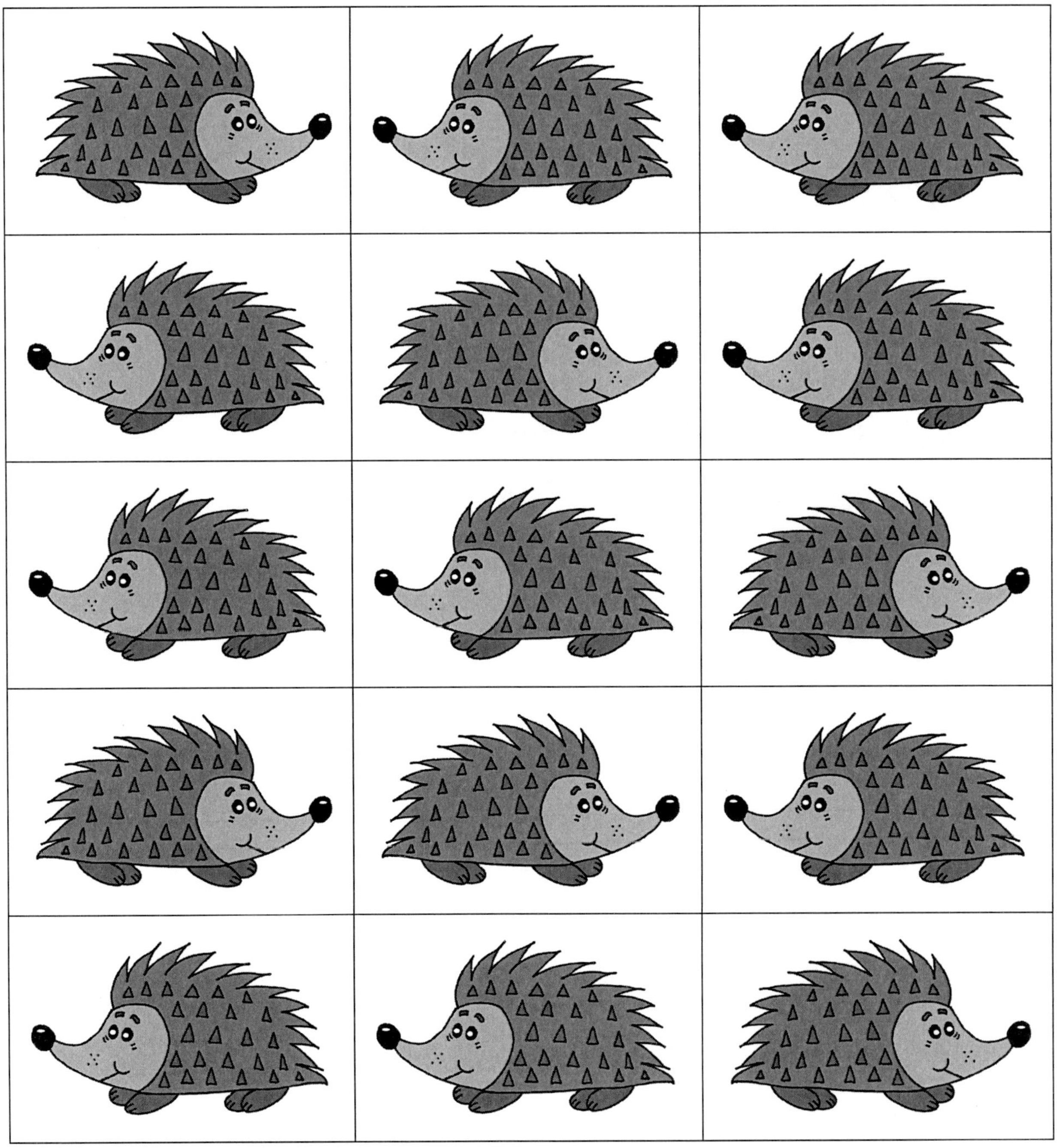

Aufmerksamkeit lenken & Konzentraton halten
Band 2: Richtungen, Größen und Unterschiede erkennen – Bestell-Nr. 12 803
KOHL VERLAG

1

5 Übung zur Aufmerksamkeit und Konzentration

Schaue dir die Bilder genau an. Wie viele Tiere gehen **von dir aus gesehen nach links***?*
Markiere diese Bilder und trage die Anzahl in das Kästchen ein.

KOHL VERLAG
Aufmerksamkeit lenken & Konzentraton halten
Band 2: Richtungen, Größen und Unterschiede erkennen – Bestell-Nr. 12 803

6 Übung zur Aufmerksamkeit und Konzentration

Schaue dir die Bilder genau an. Wie viele Tiere schwimmen **von dir aus gesehen nach links***? Markiere diese Bilder und trage die Anzahl in das Kästchen ein.*

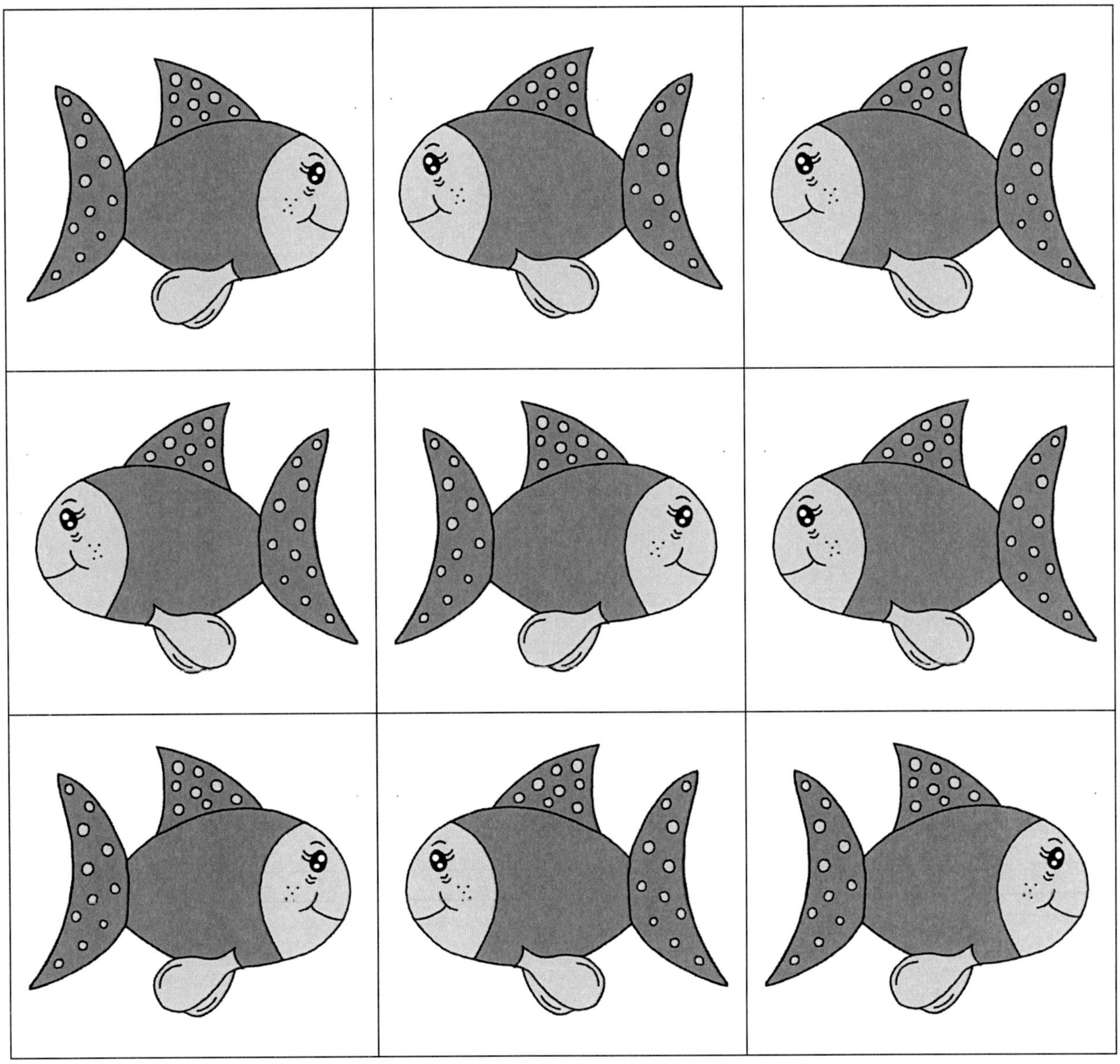

Aufmerksamkeit lenken & Konzentraton halten
Band 2: Richtungen, Größen und Unterschiede erkennen – Bestell-Nr. 12 803
KOHL VERLAG

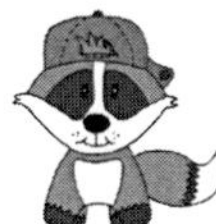

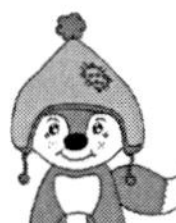

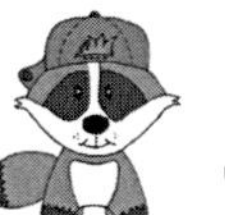

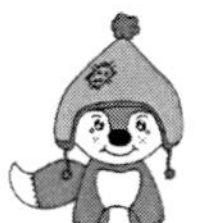

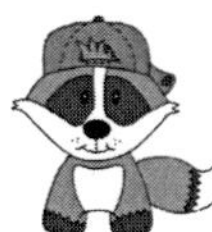

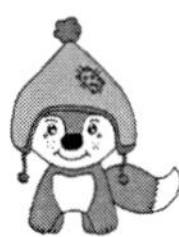

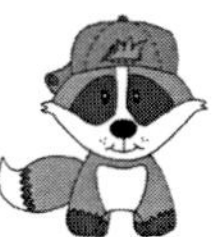

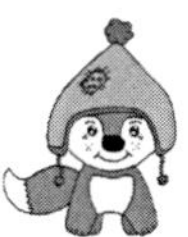

7 Übung zur Aufmerksamkeit und Konzentration

Schaue dir die Bilder genau an. Wie viele Tiere schauen nach **oben***? Markiere diese Bilder und trage die Anzahl in das Kästchen ein.*

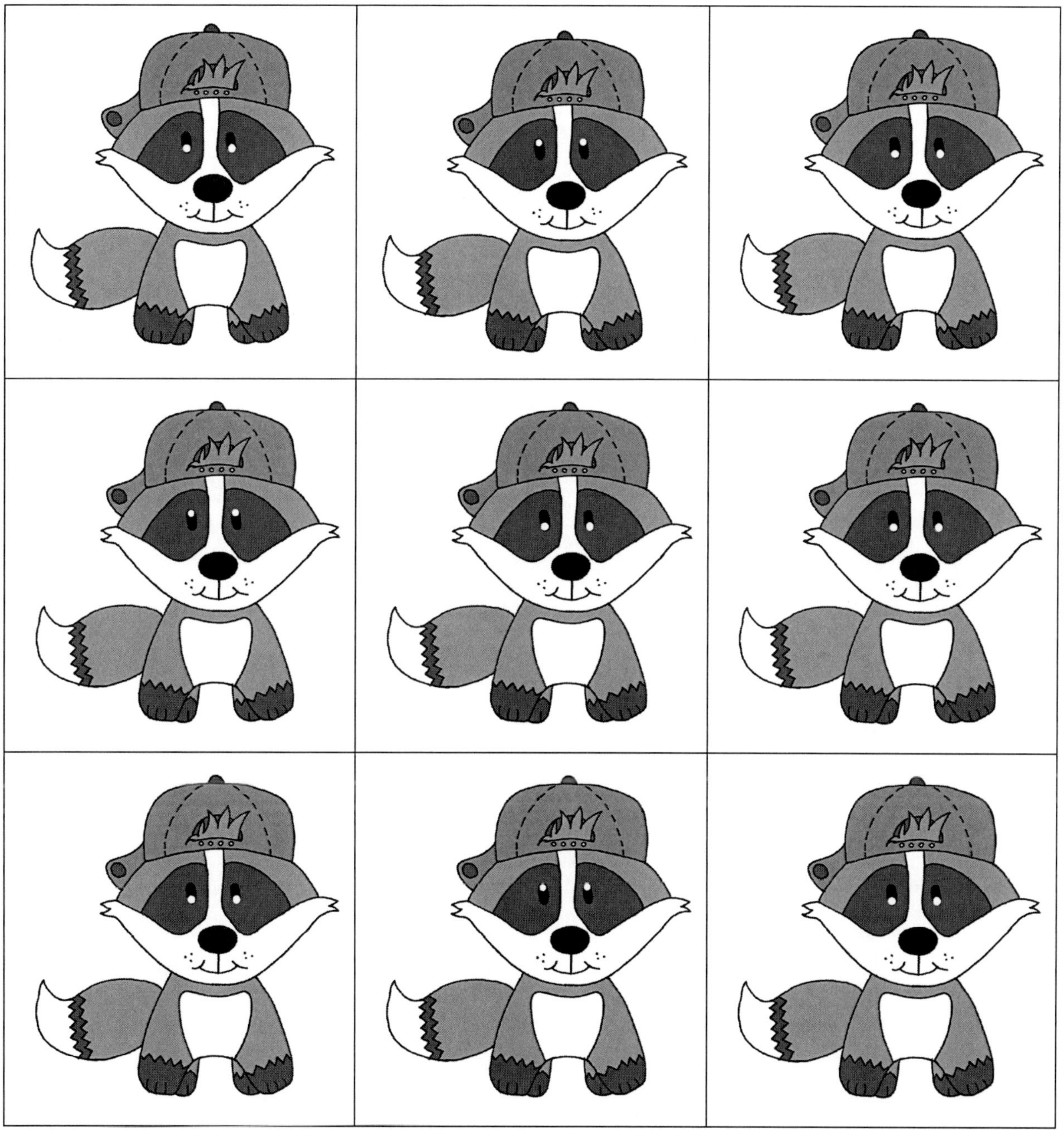

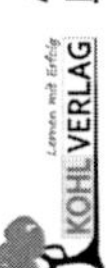

Aufmerksamkeit lenken & Konzentraton halten
Band 2: Richtungen, Größen und Unterschiede erkennen – Bestell-Nr. 12 803
KOHL VERLAG

2

8 Übung zur Aufmerksamkeit und Konzentration

Schaue dir die Bilder genau an. Wie viele Tiere schauen nach **oben***? Markiere diese Bilder und trage die Anzahl in das Kästchen ein.*

KOHL VERLAG
Aufmerksamkeit lenken & Konzentraton halten
Band 2: Richtungen, Größen und Unterschiede erkennen – Bestell-Nr. 12 803

9 Übung zur Aufmerksamkeit und Konzentration

Schaue dir die Bilder genau an. Wie viele Tiere schauen nach **oben***? Markiere diese Bilder und trage die Anzahl in das Kästchen ein.*

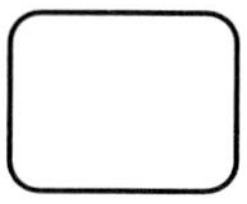

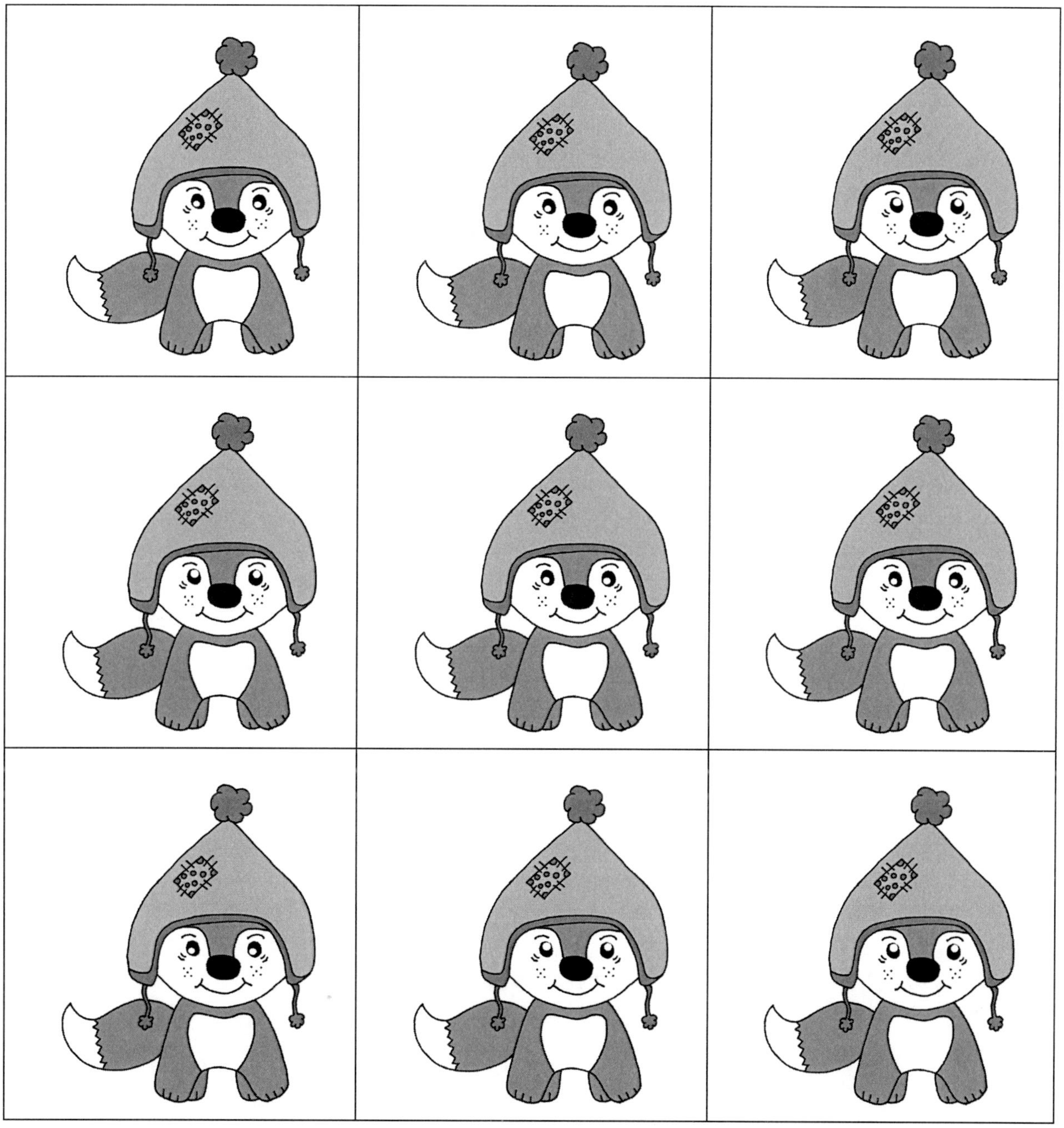

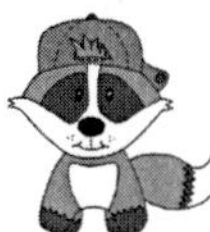

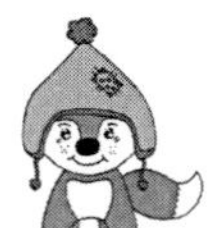

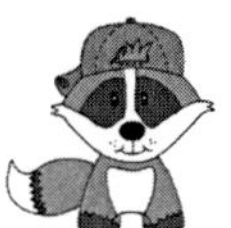

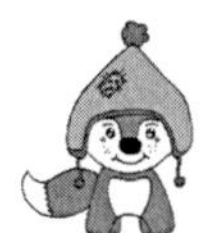

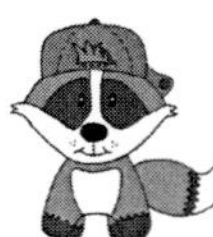

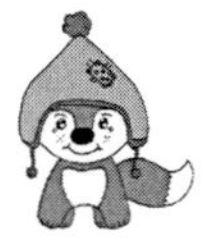

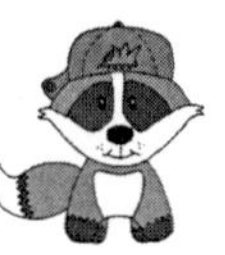

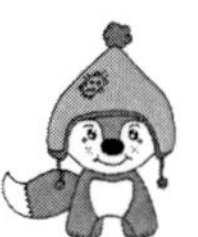

10 Übung zur Aufmerksamkeit und Konzentration

Schaue dir die Bilder genau an. Wie viele Tiere schauen nach **unten***? Markiere diese Bilder und trage die Anzahl in das Kästchen ein.*

☐

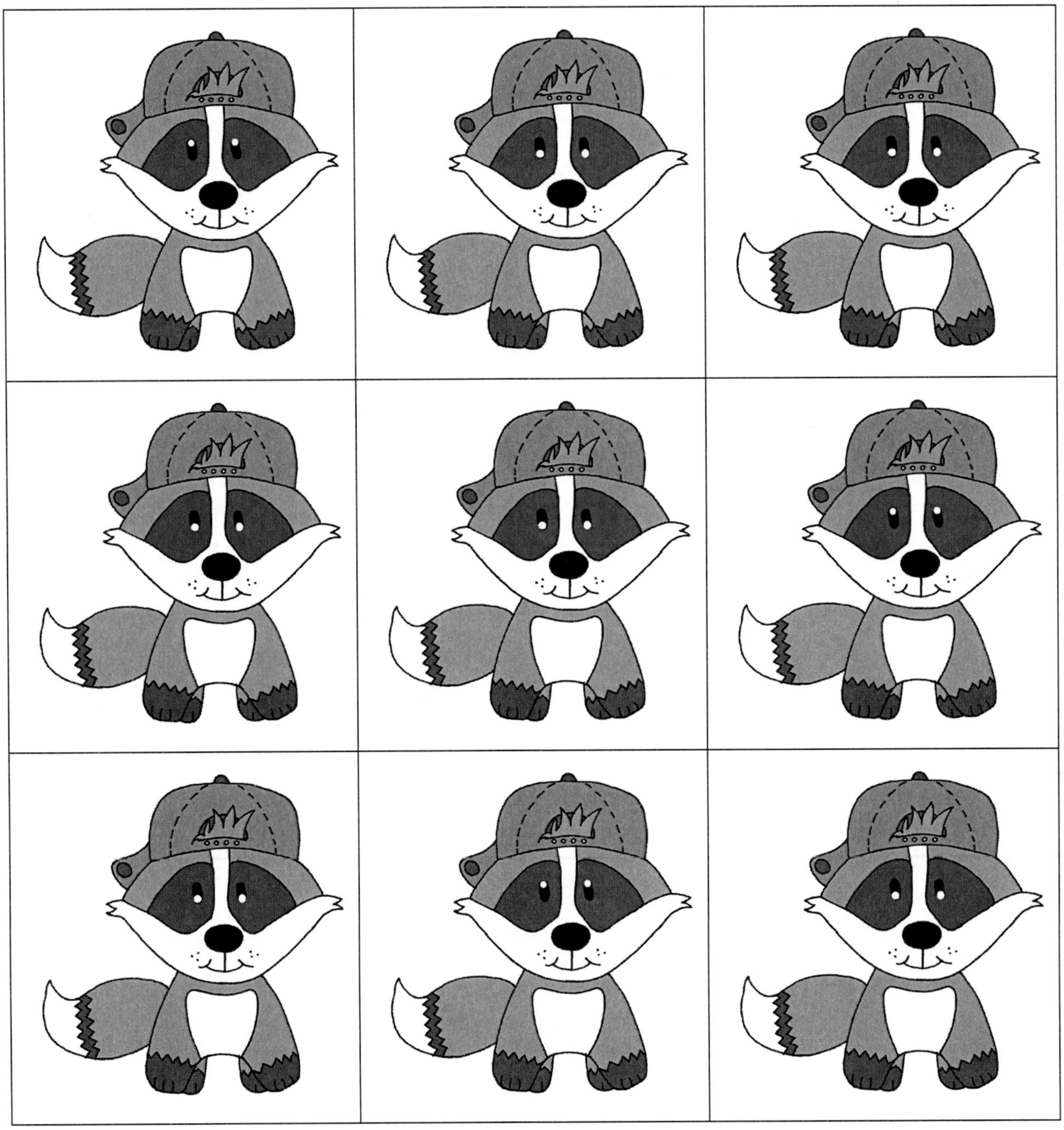

KOHL VERLAG Lernen mit Erfolg
Aufmerksamkeit lenken & Konzentraton halten
Band 2: Richtungen, Größen und Unterschiede erkennen – Bestell-Nr. 12 803

2

11 Übung zur Aufmerksamkeit und Konzentration

Schaue dir die Bilder genau an. Wie viele Tiere schauen nach **unten***? Markiere diese Bilder und trage die Anzahl in das Kästchen ein.*

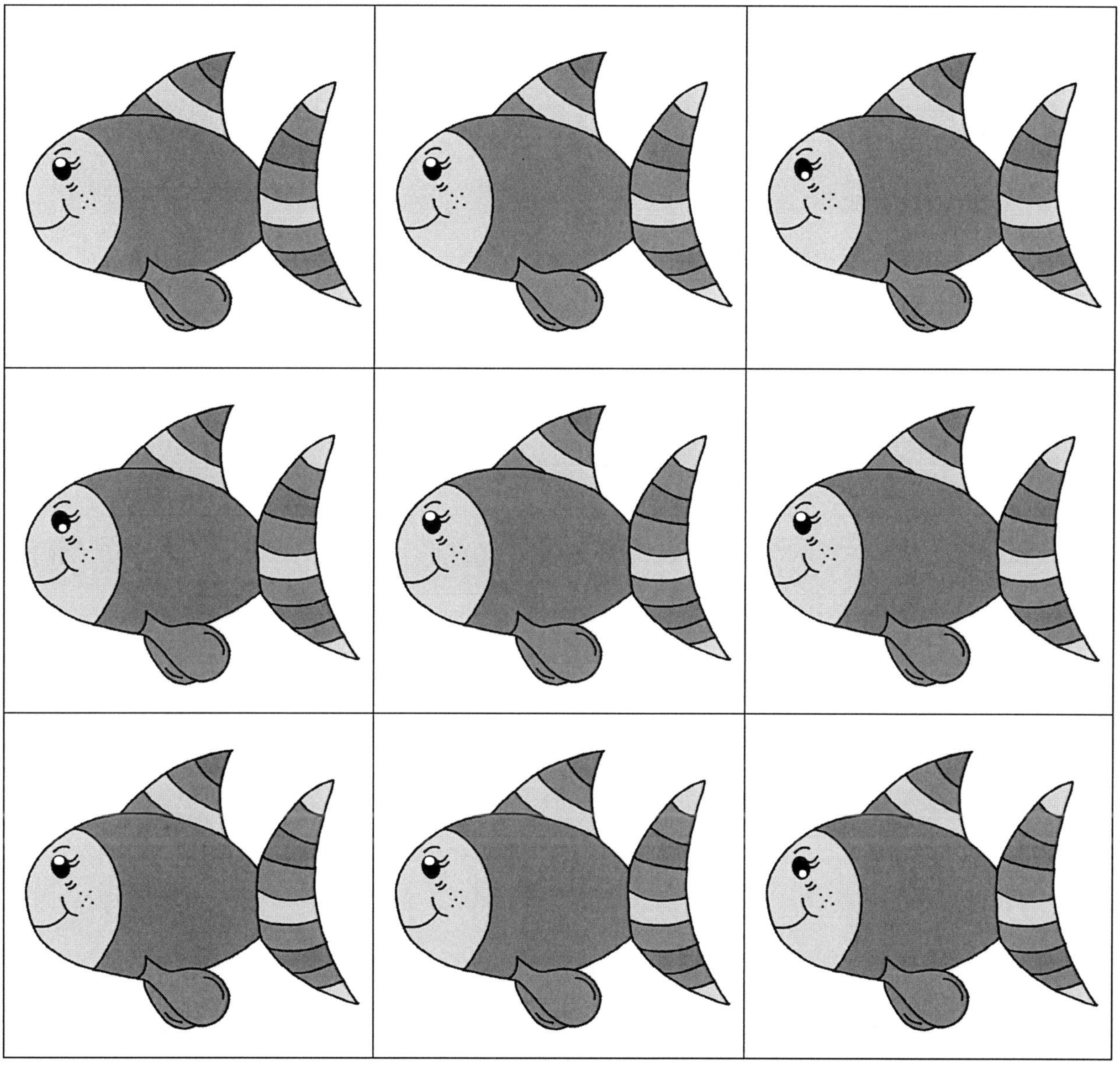

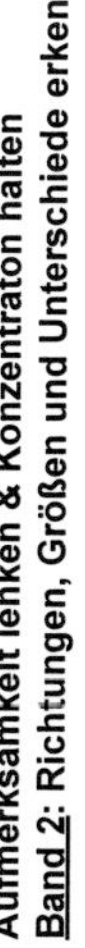

Aufmerksamkeit lenken & Konzentraton halten
Band 2: Richtungen, Größen und Unterschiede erkennen – Bestell-Nr. 12 803

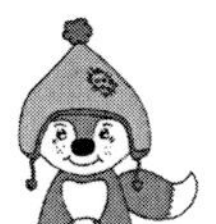

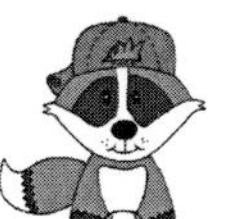

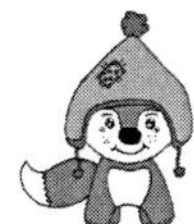

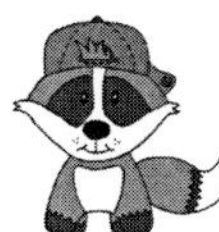

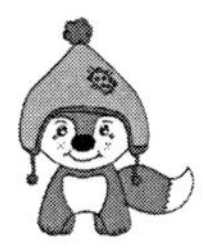

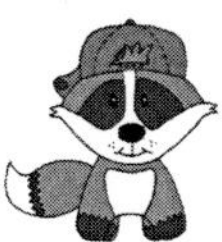

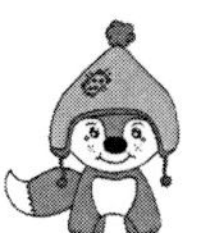

12 Übung zur Aufmerksamkeit und Konzentration

Schaue dir die Bilder genau an. Wie viele Tiere schauen nach **oben**? *Markiere diese Bilder und trage die Anzahl in das Kästchen ein.*

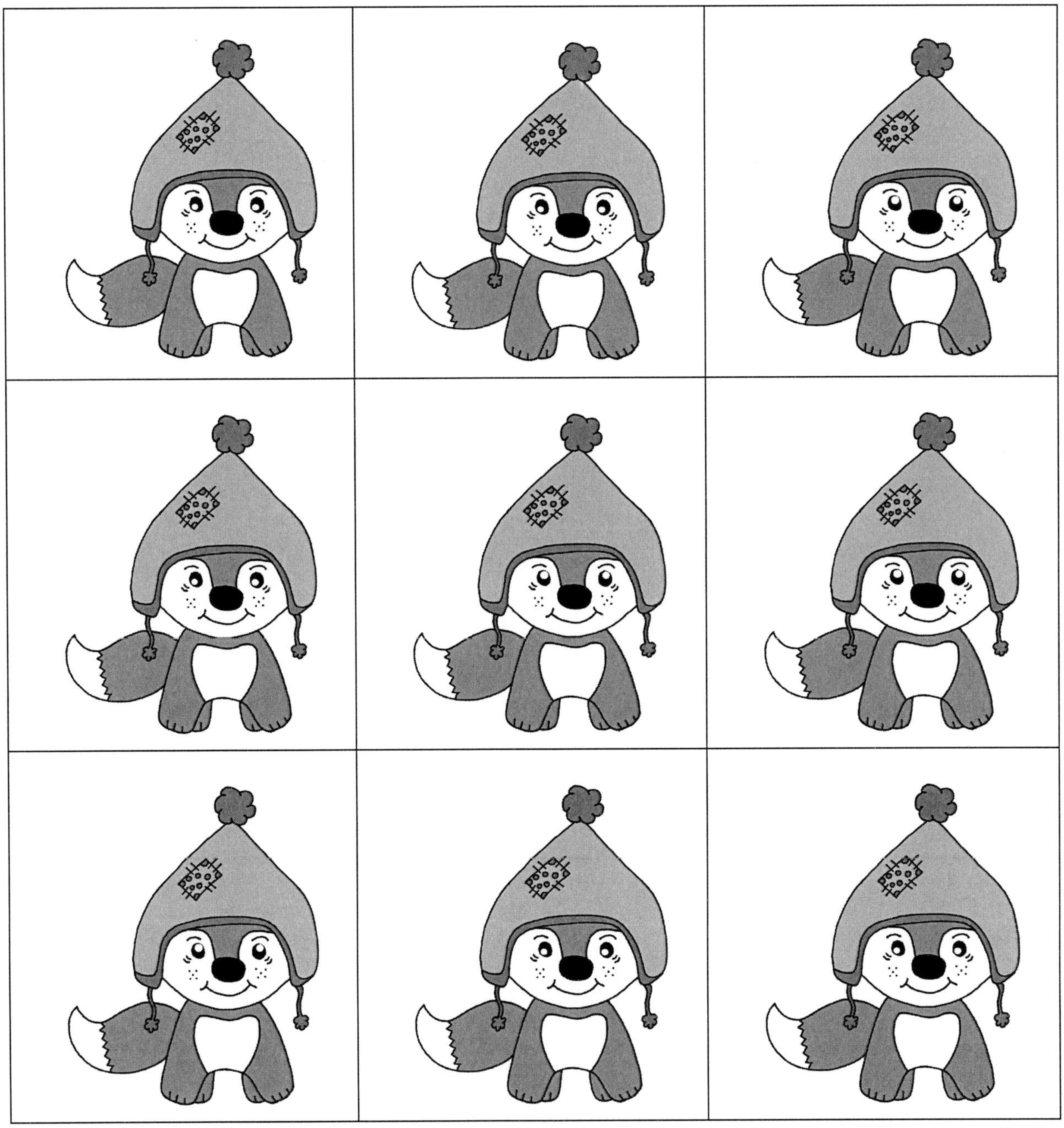

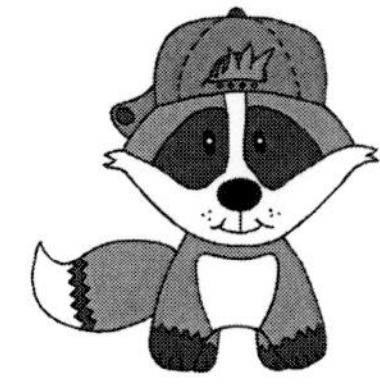

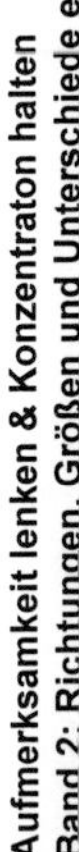

KOHL VERLAG Lernen mit Erfolg
Aufmerksamkeit lenken & Konzentraton halten
Band 2: Richtungen, Größen und Unterschiede erkennen – Bestell-Nr. 12 803

13 Übung zur Aufmerksamkeit und Konzentration

Schaue dir die Bilder genau an. Sortiere sie nach der Größe. Fange mit dem größten Bild an und nummeriere von 1 – 6.

KOHL VERLAG
Aufmerksamkeit lenken & Konzentraton halten
Band 2: Richtungen, Größen und Unterschiede erkennen – Bestell-Nr. 12 803

3

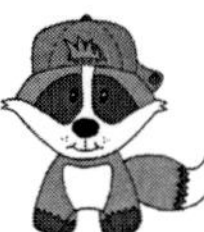

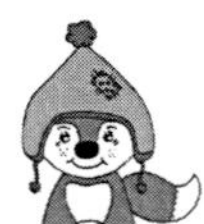

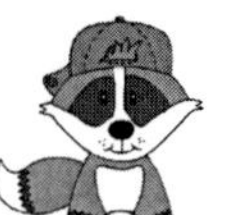

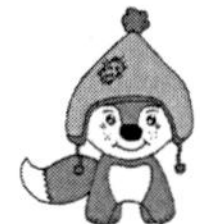

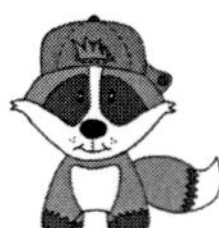

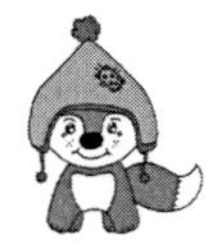

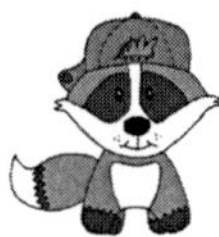

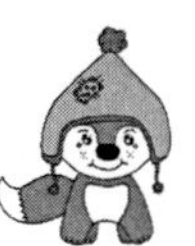

14 Übung zur Aufmerksamkeit und Konzentration

Schaue dir die Bilder genau an. Sortiere sie nach der Größe. Fange mit dem größten Bild an und nummeriere von 1 – 6.

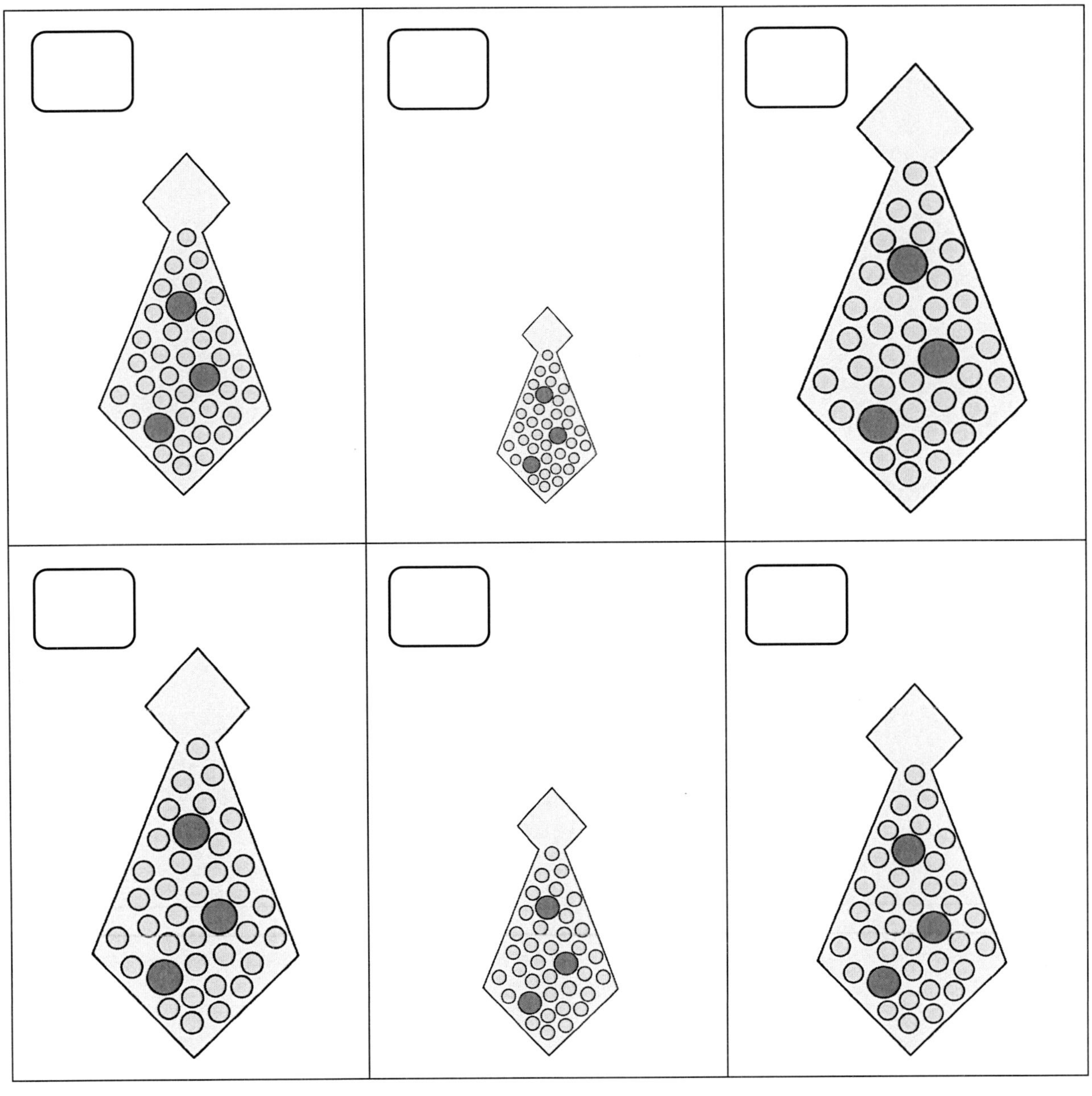

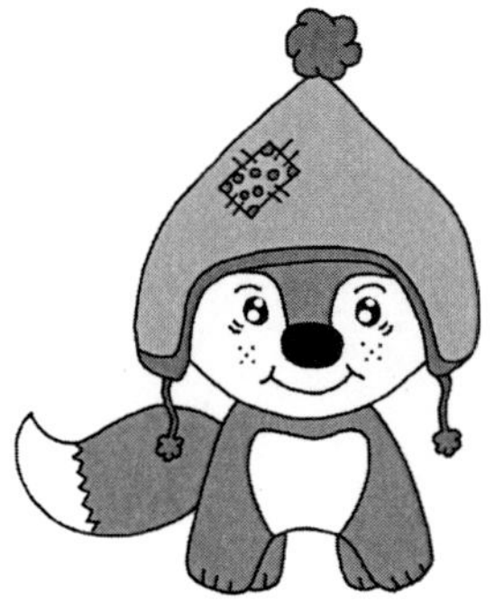

KOHL VERLAG Lernen mit Erfolg
Aufmerksamkeit lenken & Konzentraton halten
Band 2: Richtungen, Größen und Unterschiede erkennen – Bestell-Nr. 12 803

15 Übung zur Aufmerksamkeit und Konzentration

Schaue dir die Bilder genau an. Sortiere sie nach der Größe. Fange mit dem größten Bild an und nummeriere von 1 – 6.

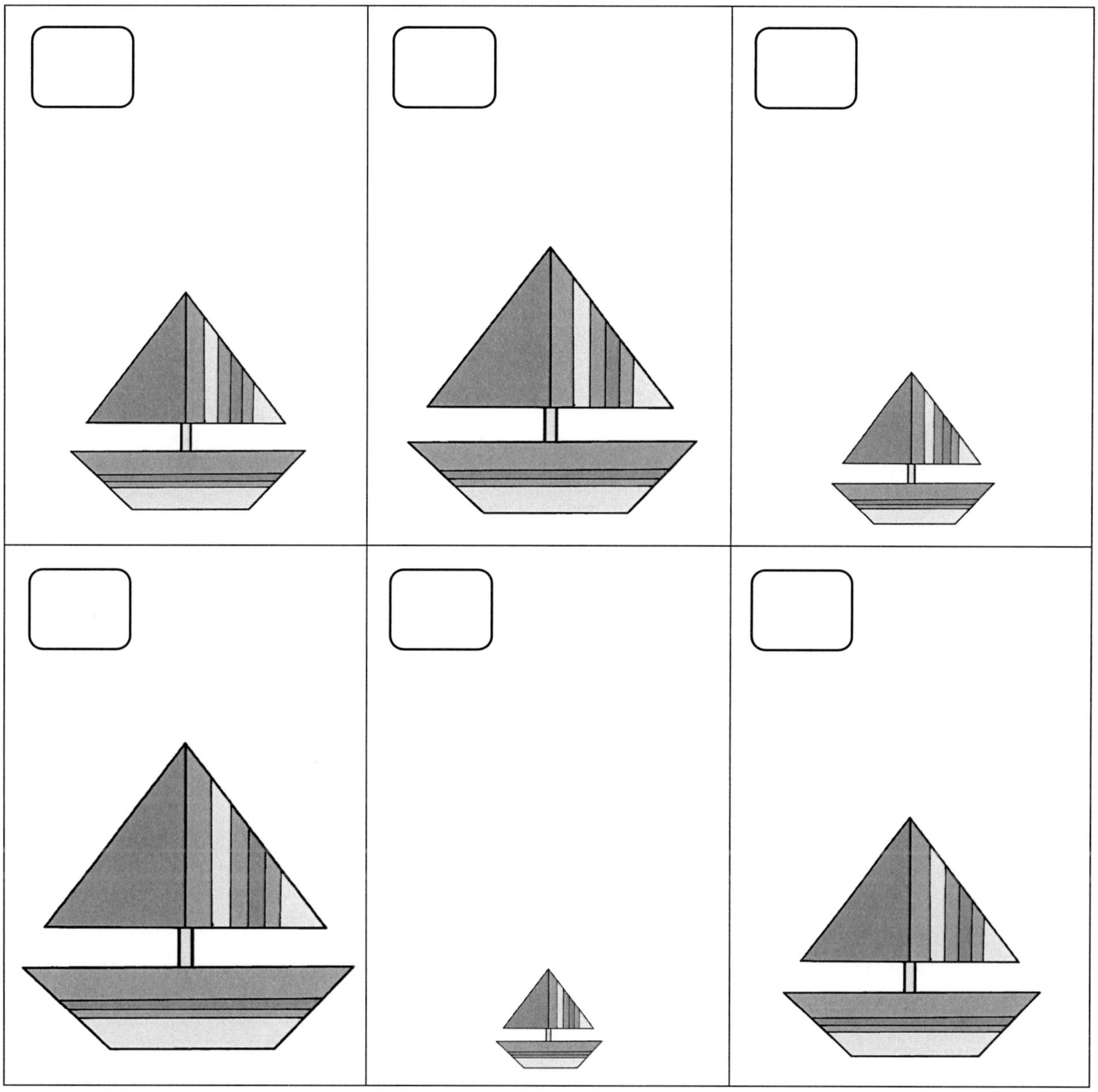

16 Übung zur Aufmerksamkeit und Konzentration

Schaue dir die Bilder genau an. Sortiere sie nach der Größe. Fange mit dem kleinsten Bild an und nummeriere von 1 – 6.

Aufmerksamkeit lenken & Konzentraton halten
Band 2: Richtungen, Größen und Unterschiede erkennen – Bestell-Nr. 12 803
KOHL VERLAG

17 Übung zur Aufmerksamkeit und Konzentration

Schaue dir die Bilder genau an. Sortiere sie nach der Größe. Fange mit dem kleinsten Bild an und nummeriere von 1 – 6.

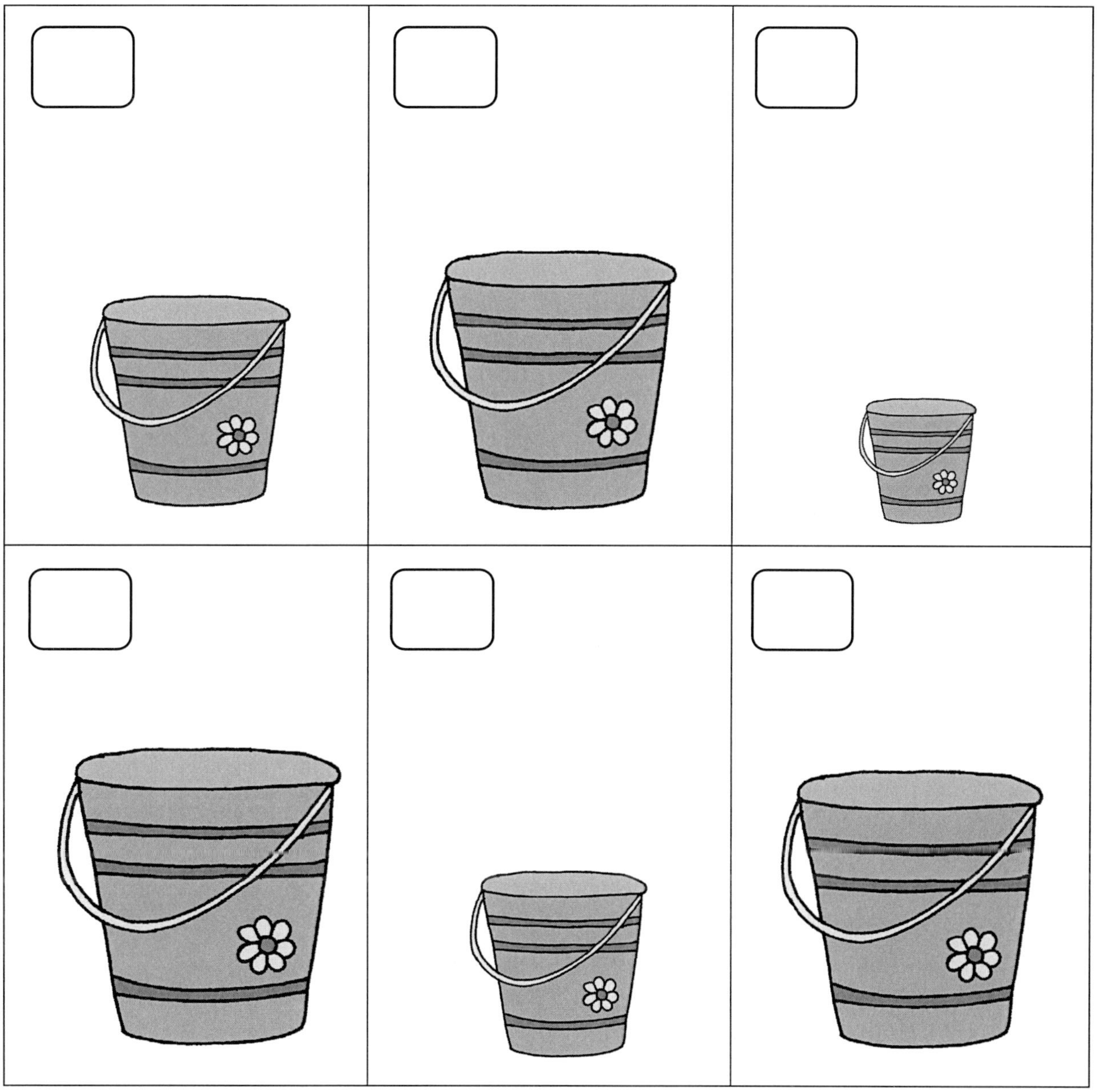

Aufmerksamkeit lenken & Konzentraton halten
Band 2: Richtungen, Größen und Unterschiede erkennen – Bestell-Nr. 12 803

3

18 Übung zur Aufmerksamkeit und Konzentration

Schaue dir die Bilder genau an. Sortiere sie nach der Größe. Fange mit dem kleinsten Bild an und nummeriere von 1 – 6.

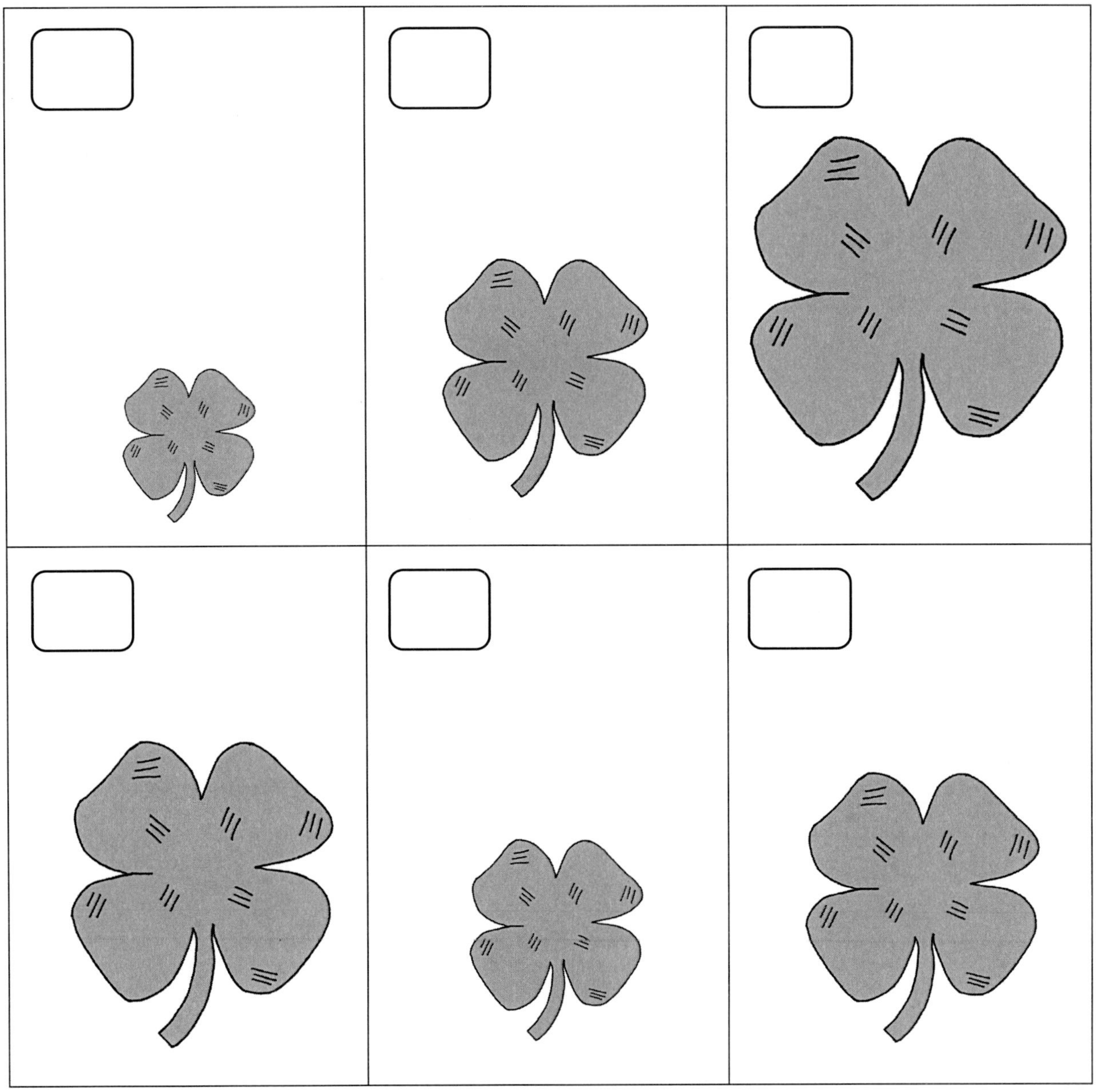

KOHL VERLAG Lernen mit Erfolg
Aufmerksamkeit lenken & Konzentraton halten
Band 2: Richtungen, Größen und Unterschiede erkennen – Bestell-Nr. 12 803

19 Übung zur Aufmerksamkeit und Konzentration

Schaue dir dieses Bild genau an. Wie oft kannst du es finden? Markiere diese Bilder und trage die Anzahl in das Kästchen ein.

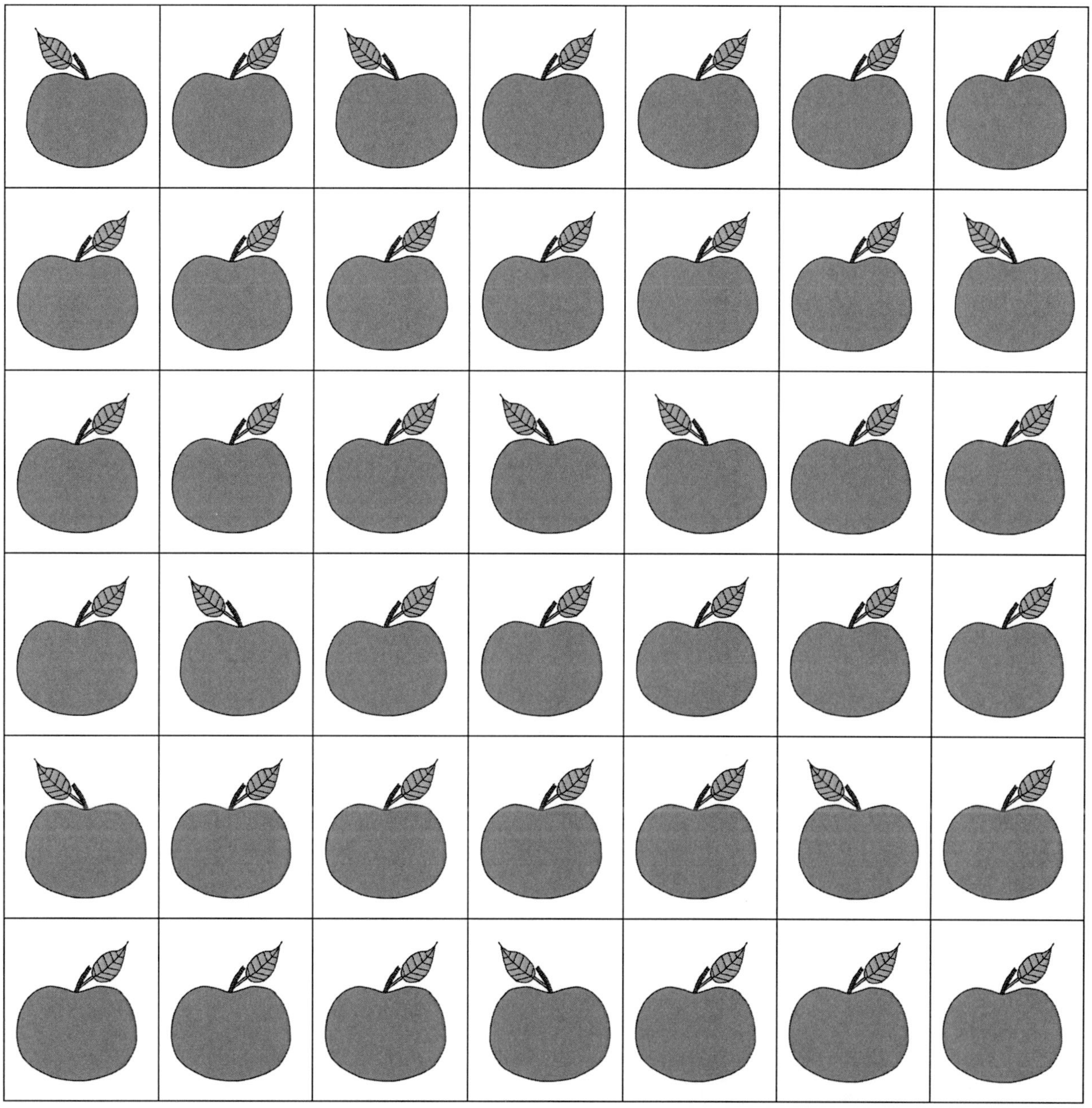

KOHL VERLAG Aufmerksamkeit lenken & Konzentraton halten
Band 2: Richtungen, Größen und Unterschiede erkennen – Bestell-Nr. 12 803

4

20 Übung zur Aufmerksamkeit und Konzentration

Schaue dir dieses Bild genau an. Wie oft kannst du es finden?
Markiere diese Bilder und trage die Anzahl in das Kästchen ein.

KOHL VERLAG Lernen mit Erfolg
Aufmerksamkeit lenken & Konzentraton halten
Band 2: Richtungen, Größen und Unterschiede erkennen – Bestell-Nr. 12 803

4

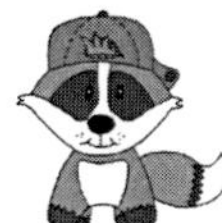

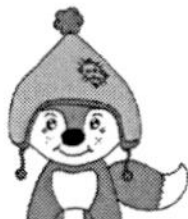

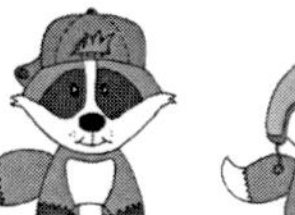

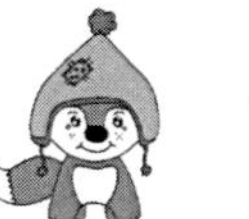

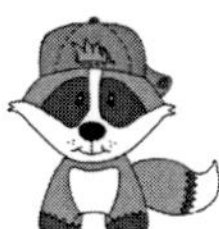

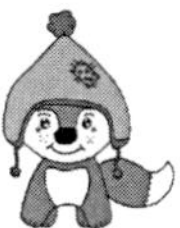

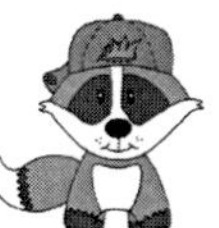

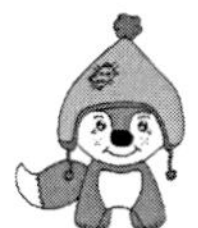

21 Übung zur Aufmerksamkeit und Konzentration

Schaue dir dieses Bild genau an. Wie oft kannst du es finden? Markiere diese Bilder und trage die Anzahl in das Kästchen ein.

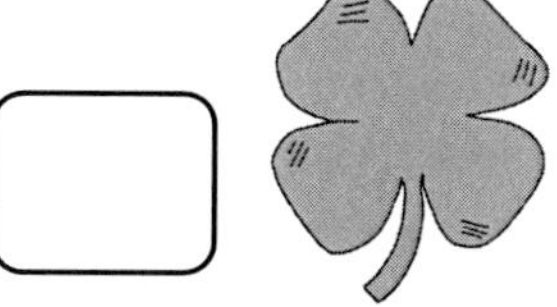

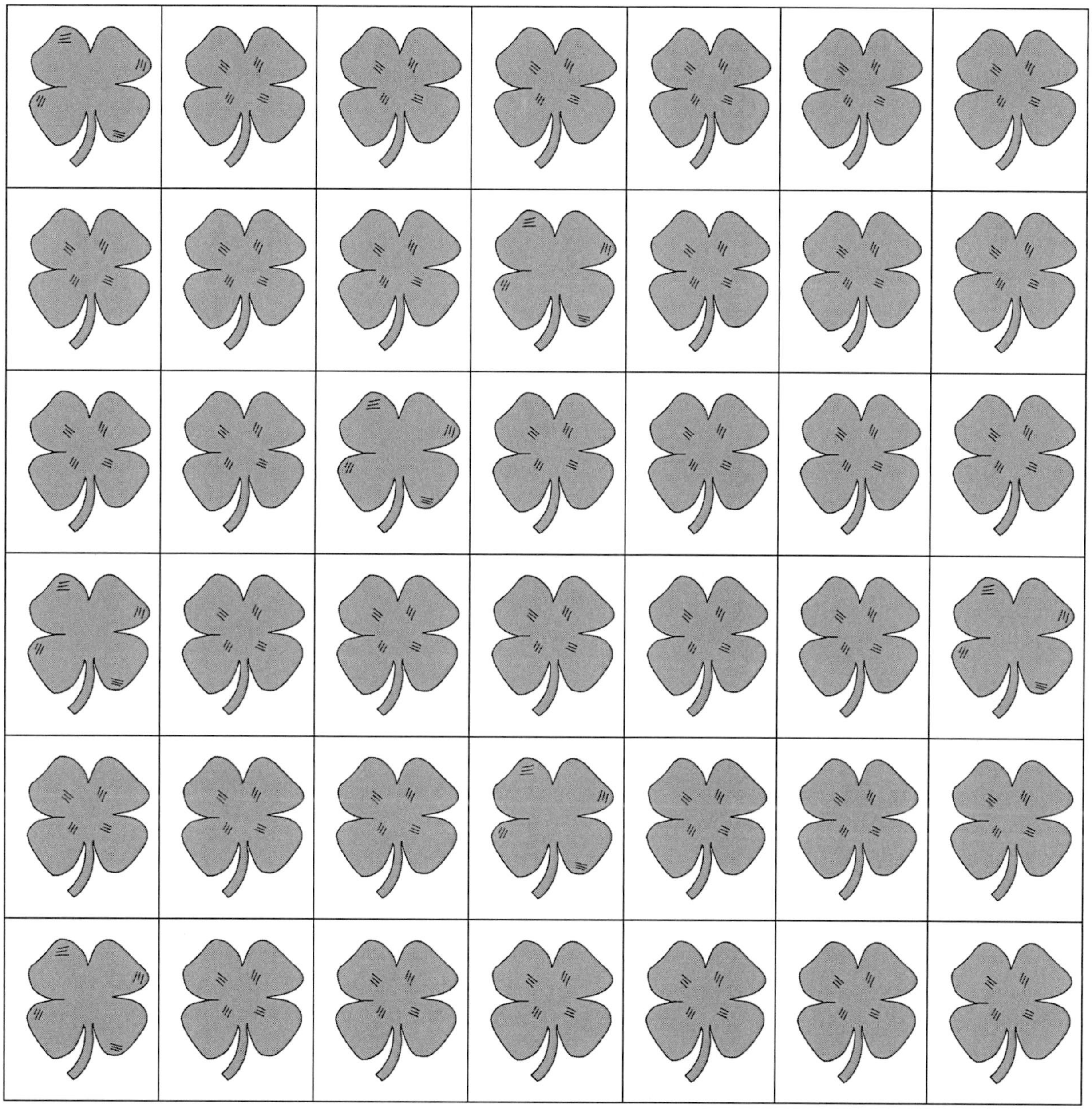

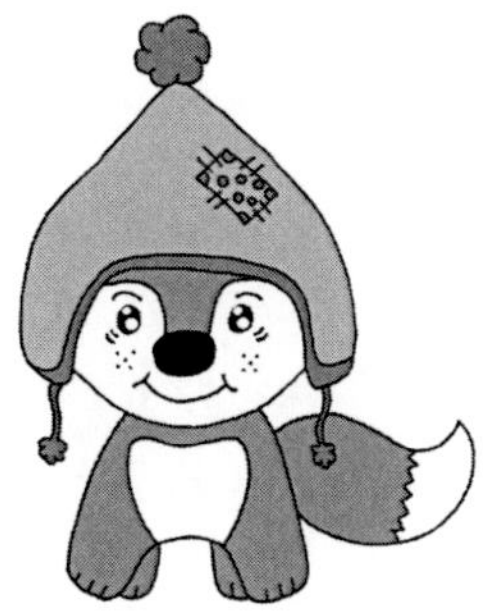

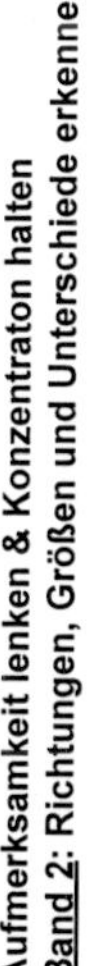

KOHL VERLAG
Aufmerksamkeit lenken & Konzentraton halten
Band 2: Richtungen, Größen und Unterschiede erkennen – Bestell-Nr. 12 803

4

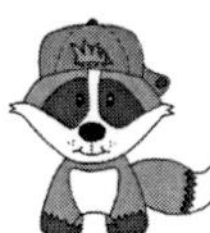

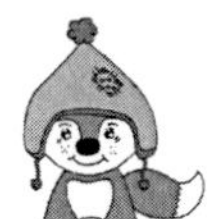

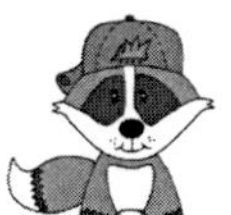

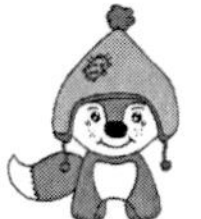

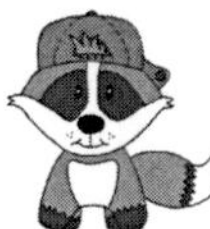

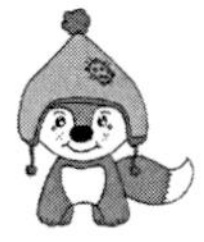

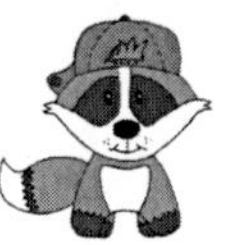

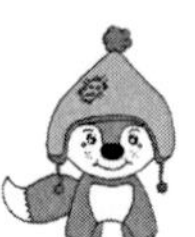

22 Übung zur Aufmerksamkeit und Konzentration

Schaue dir dieses Bild genau an. Wie oft kannst du es finden? Markiere diese Bilder und trage die Anzahl in das Kästchen ein.

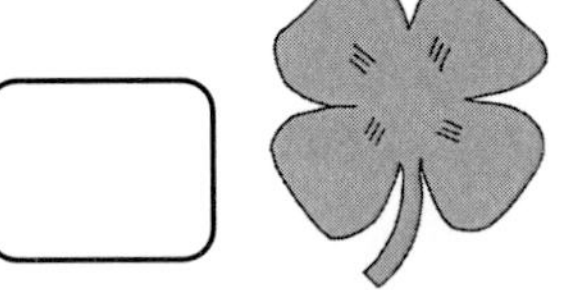

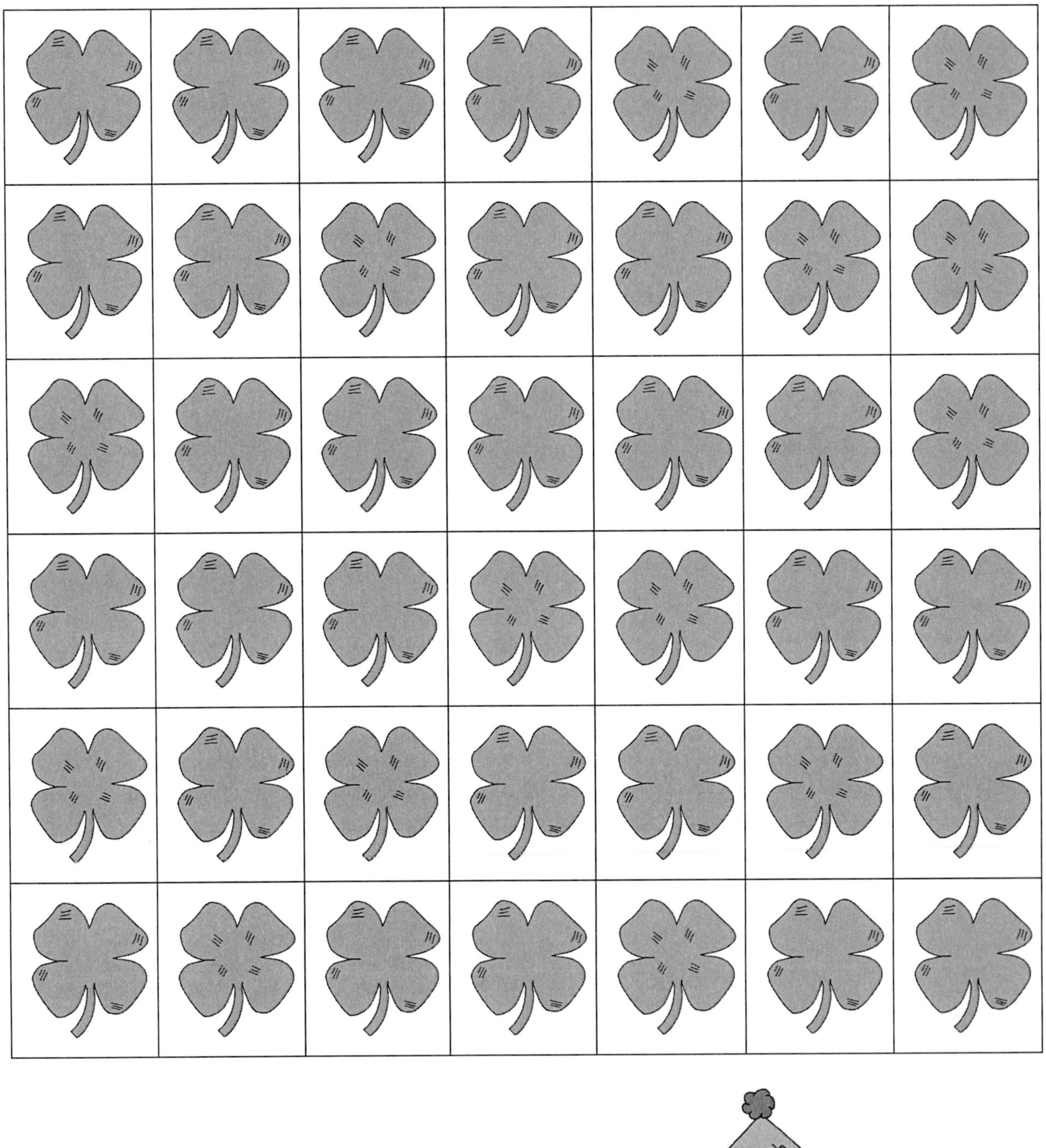

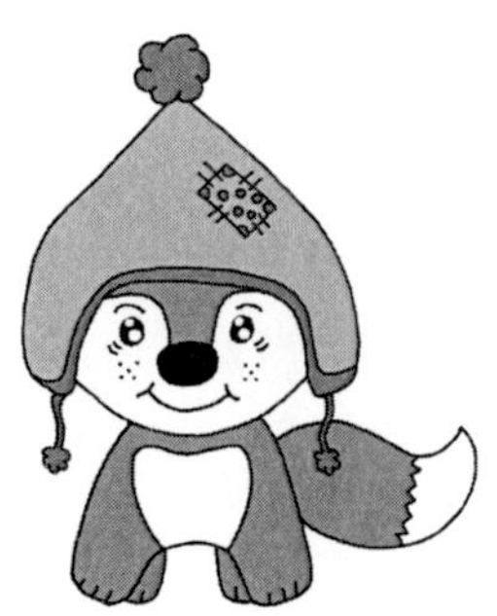

KOHL VERLAG Lernen mit Erfolg
Aufmerksamkeit lenken & Konzentraton halten
Band 2: Richtungen, Größen und Unterschiede erkennen – Bestell-Nr. 12 803

23 Übung zur Aufmerksamkeit und Konzentration

Schaue dir dieses Bild genau an. Wie oft kannst du es finden? Markiere diese Bilder und trage die Anzahl in das Kästchen ein.

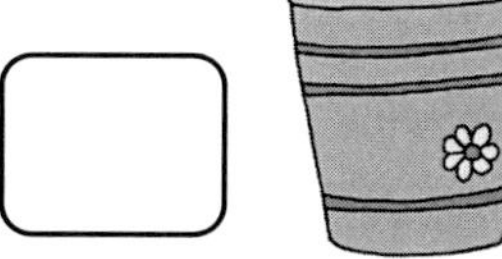

KOHL VERLAG
Aufmerksamkeit lenken & Konzentraton halten
Band 2: Richtungen, Größen und Unterschiede erkennen – Bestell-Nr. 12 803

24 Übung zur Aufmerksamkeit und Konzentration

Schaue dir dieses Bild genau an. Wie oft kannst du es finden?
Markiere diese Bilder und trage die Anzahl in das Kästchen ein.

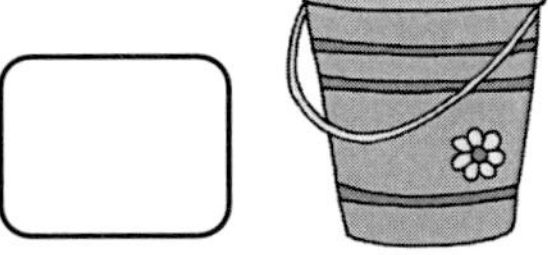

Aufmerksamkeit lenken & Konzentraton halten
Band 2: Richtungen, Größen und Unterschiede erkennen – Bestell-Nr. 12 803
KOHL VERLAG

25 Übung zur Aufmerksamkeit und Konzentration

Schaue dir dieses Bild genau an. Wie oft kannst du es finden?
Markiere diese Bilder und trage die Anzahl in das Kästchen ein.

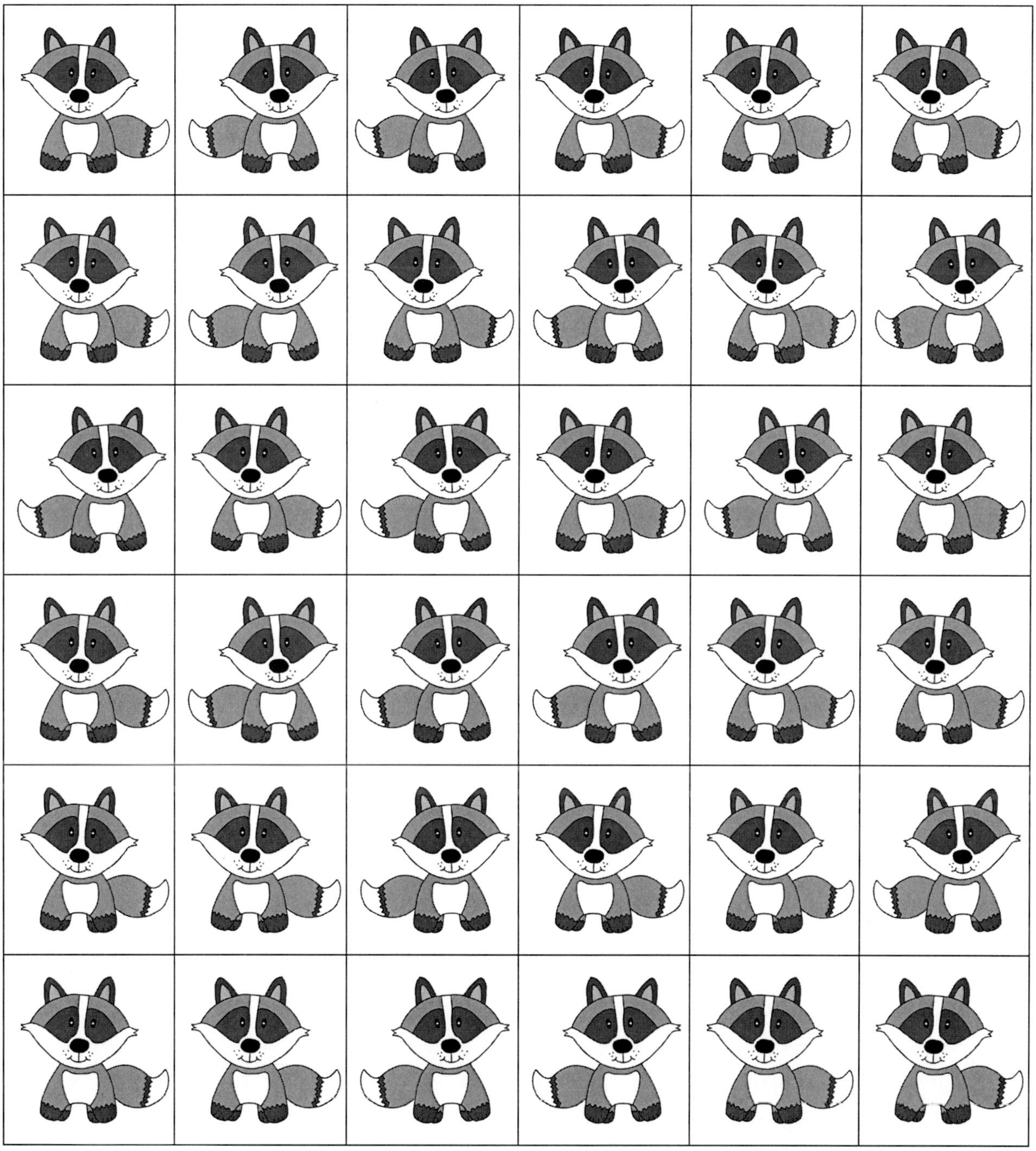

KOHL VERLAG
Aufmerksamkeit lenken & Konzentraton halten
Band 2: Richtungen, Größen und Unterschiede erkennen – Bestell-Nr. 12 803

26 Übung zur Aufmerksamkeit und Konzentration

Schaue dir dieses Bild genau an. Wie oft kannst du es finden? Markiere diese Bilder und trage die Anzahl in das Kästchen ein.

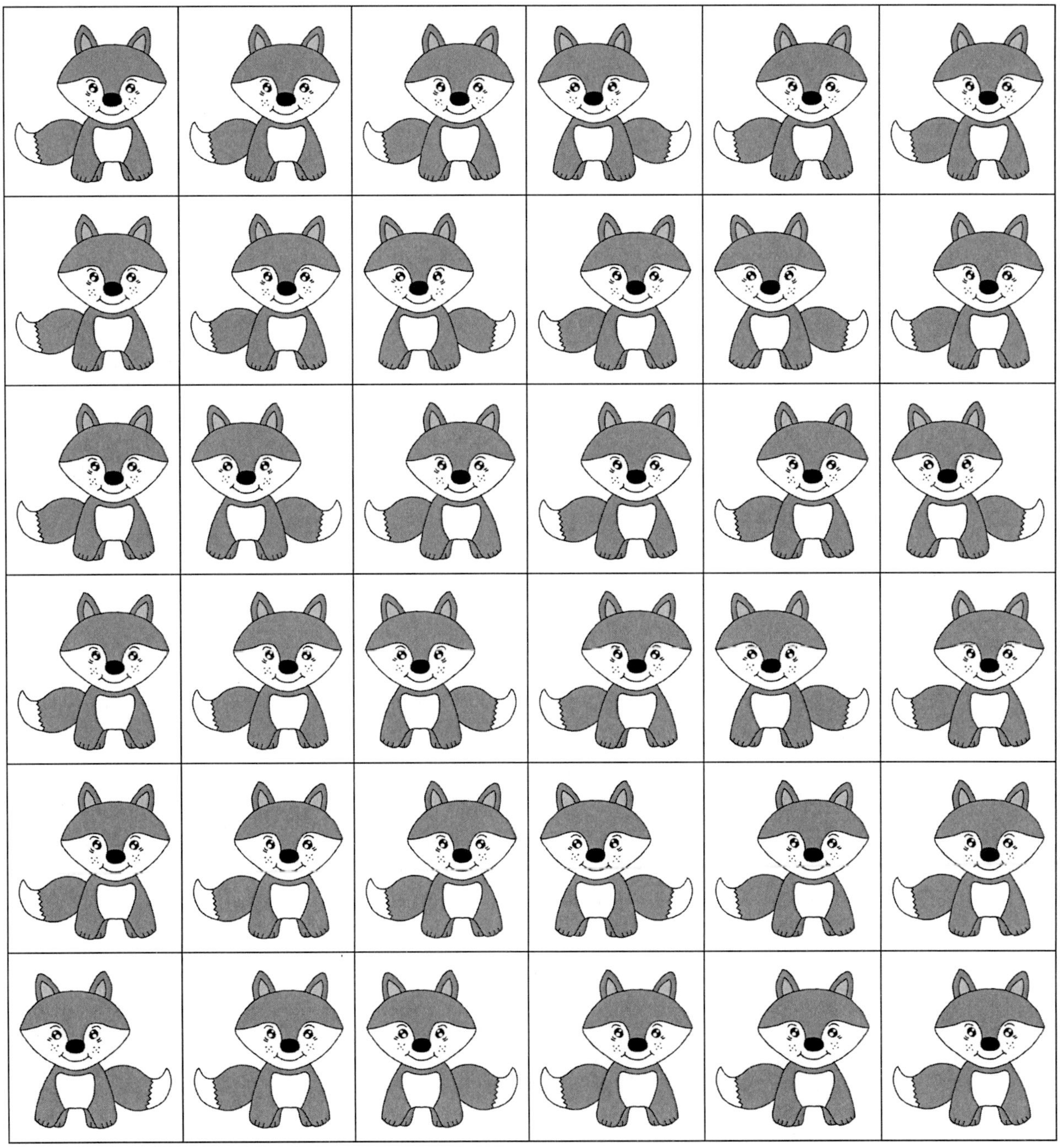

KOHL VERLAG
Aufmerksamkeit lenken & Konzentraton halten
Band 2: Richtungen, Größen und Unterschiede erkennen – Bestell-Nr. 12 803

4

27 Übung zur Aufmerksamkeit und Konzentration

Schaue dir dieses Bild genau an. Wie oft kannst du es finden?
Markiere diese Bilder und trage die Anzahl in das Kästchen ein.

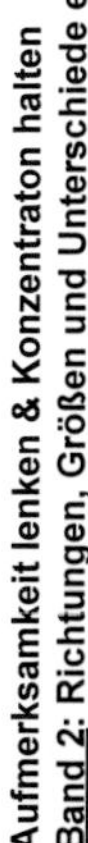

Aufmerksamkeit lenken & Konzentraton halten
Band 2: Richtungen, Größen und Unterschiede erkennen – Bestell-Nr. 12 803
KOHL VERLAG

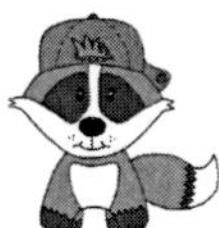

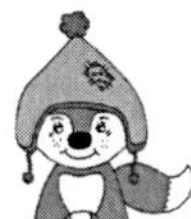

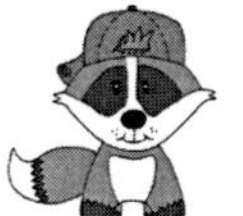

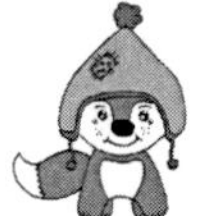

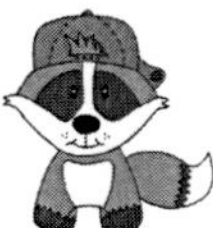

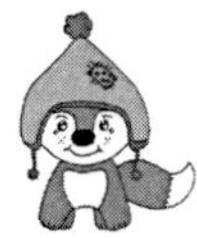

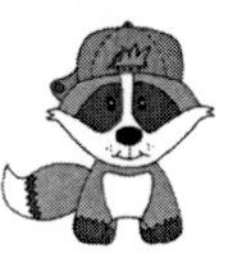

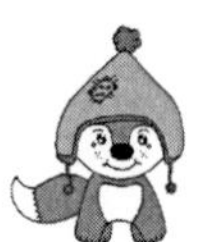

28 Übung zur Aufmerksamkeit und Konzentration

Schaue dir dieses Bild genau an. Wie oft kannst du es finden?
Markiere diese Bilder und trage die Anzahl in das Kästchen ein.

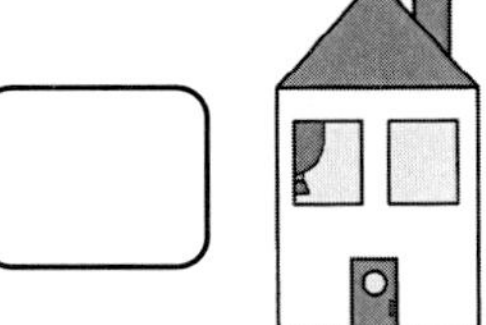

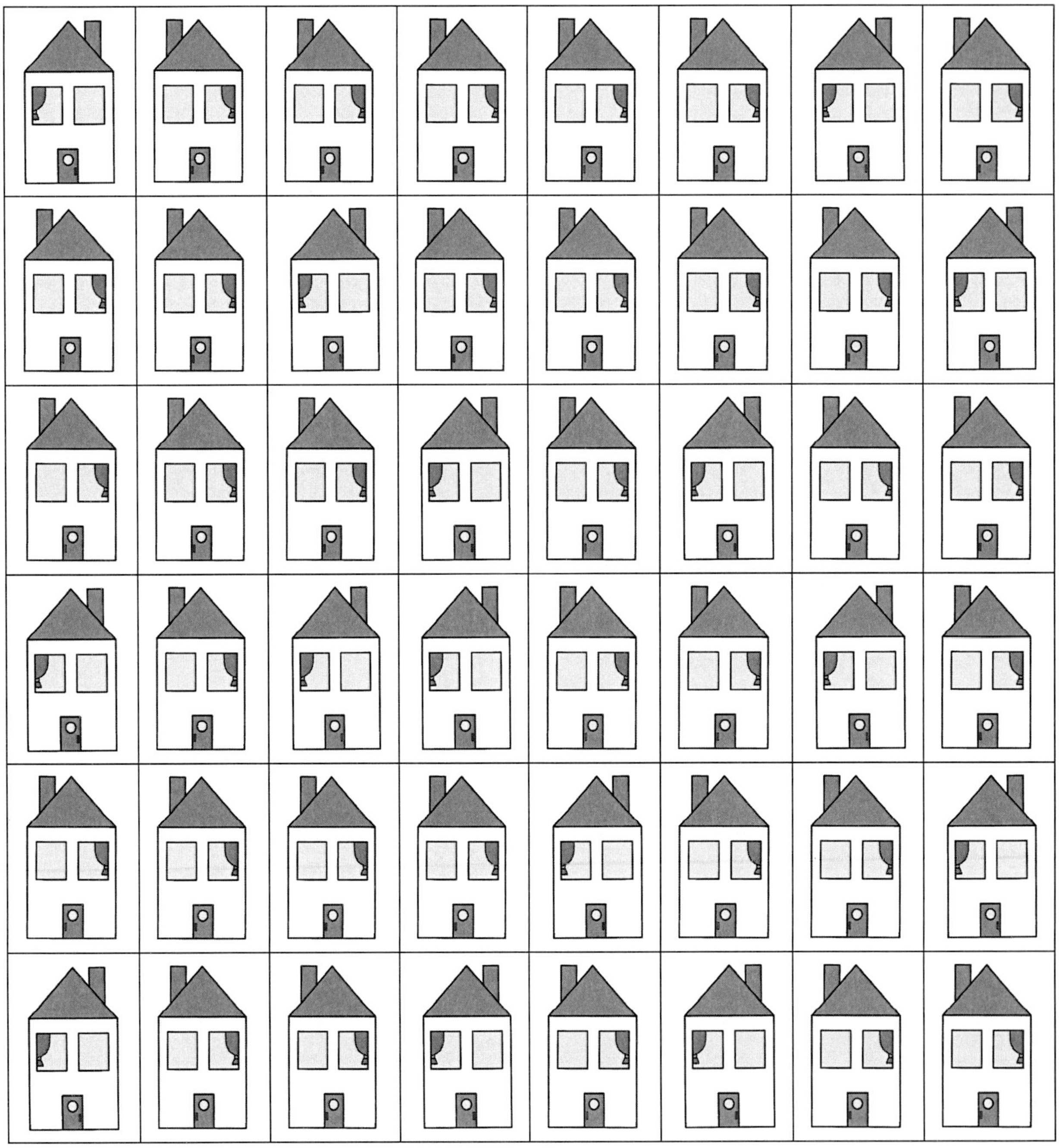

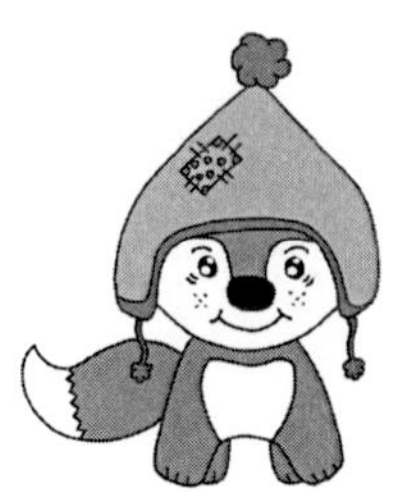

KOHL VERLAG Lernen mit Erfolg
Aufmerksamkeit lenken & Konzentraton halten
Band 2: Richtungen, Größen und Unterschiede erkennen – Bestell-Nr. 12 803

29 Übung zur Aufmerksamkeit und Konzentration

Schaue dir dieses Bild genau an. Wie oft kannst du es finden?
Markiere diese Bilder und trage die Anzahl in das Kästchen ein.

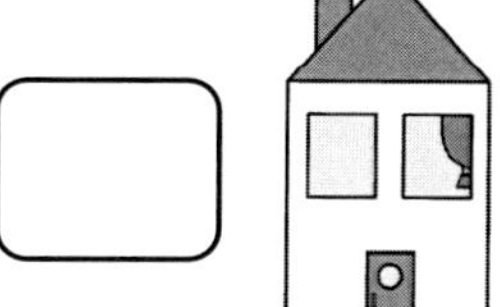

30 Übung zur Aufmerksamkeit und Konzentration

Schaue dir dieses Bild genau an. Wie oft kannst du es finden?
Markiere diese Bilder und trage die Anzahl in das Kästchen ein.

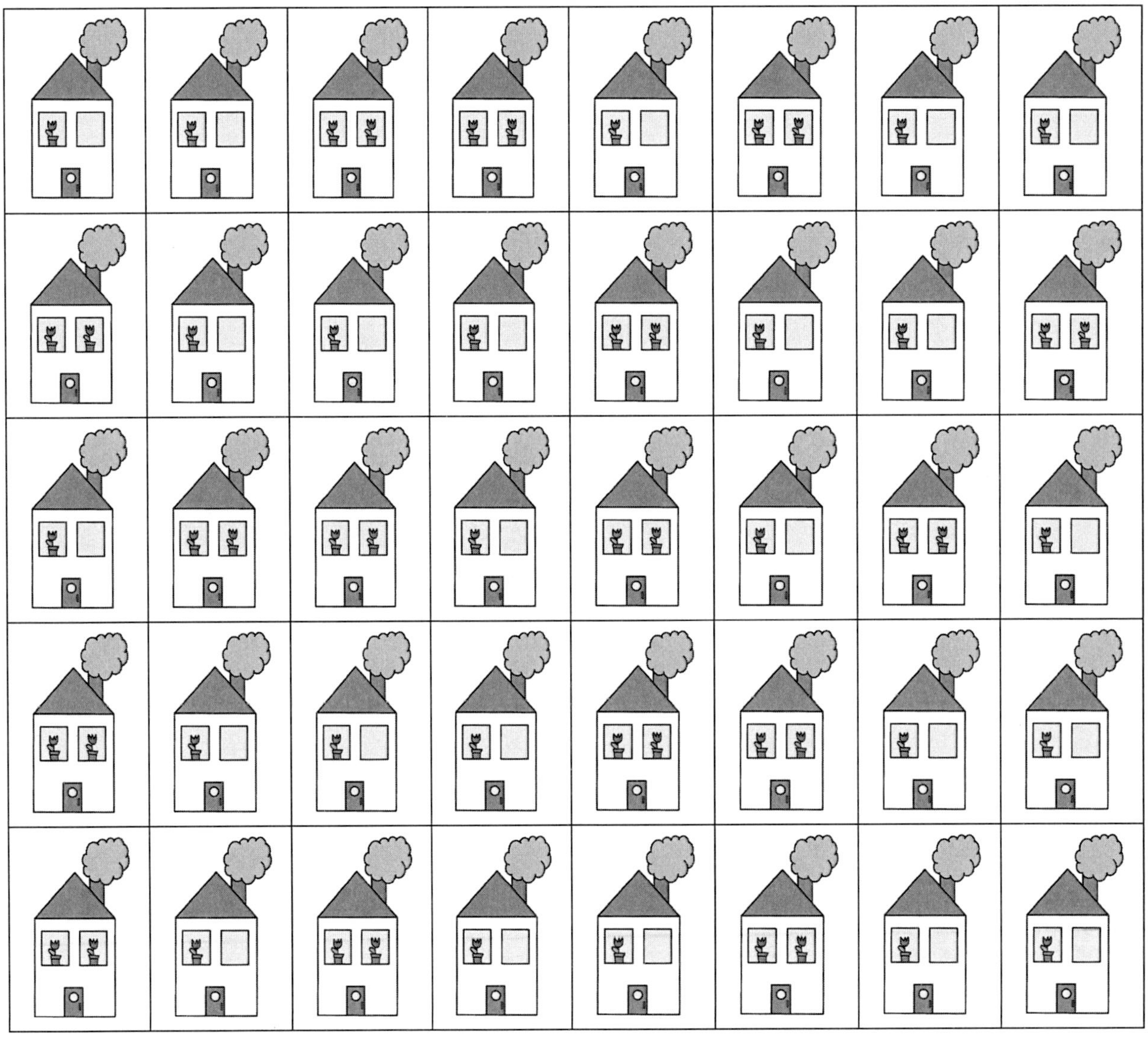

Aufmerksamkeit lenken & Konzentraton halten
Band 2: Richtungen, Größen und Unterschiede erkennen – Bestell-Nr. 12 803
KOHL VERLAG

31 Übung zur Aufmerksamkeit und Konzentration

Schaue dir dieses Bild genau an. Wie oft kannst du es finden?
Markiere diese Bilder und trage die Anzahl in das Kästchen ein.

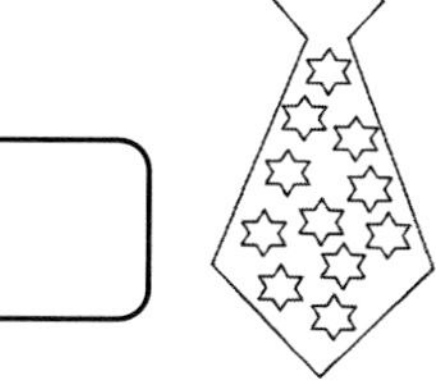

32 Übung zur Aufmerksamkeit und Konzentration

Schaue dir dieses Bild genau an. Wie oft kannst du es finden? Markiere diese Bilder und trage die Anzahl in das Kästchen ein.

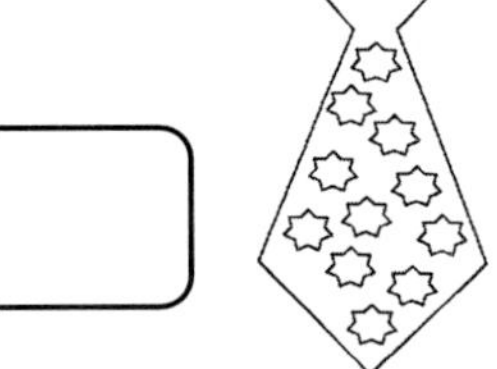

Aufmerksamkeit lenken & Konzentraton halten
Band 2: Richtungen, Größen und Unterschiede erkennen – Bestell-Nr. 12 803
KOHL VERLAG

33 Übung zur Aufmerksamkeit und Konzentration

Schaue dir dieses Bild genau an. Wie oft kannst du es finden?
Markiere diese Bilder und trage die Anzahl in das Kästchen ein.

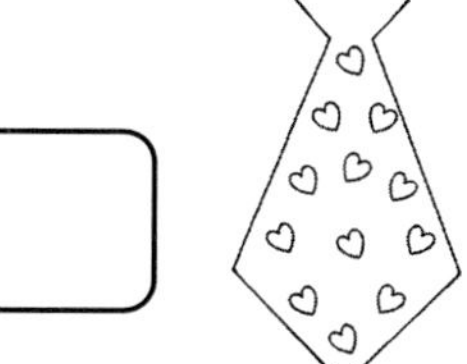

KOHL VERLAG
Aufmerksamkeit lenken & Konzentraton halten
Band 2: Richtungen, Größen und Unterschiede erkennen – Bestell-Nr. 12 803

34 Übung zur Aufmerksamkeit und Konzentration

Schaue dir dieses Bild genau an. Wie oft kannst du es finden? Markiere diese Bilder und trage die Anzahl in das Kästchen ein.

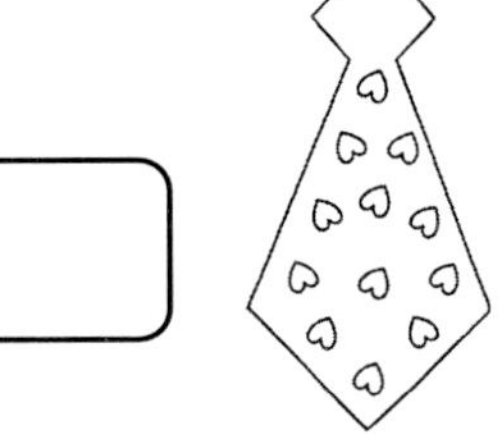

KOHL VERLAG Aufmerksamkeit lenken & Konzentraton halten Band 2: Richtungen, Größen und Unterschiede erkennen – Bestell-Nr. 12 803

35 Übung zur Aufmerksamkeit und Konzentration

Schaue dir dieses Bild genau an. Wie oft kannst du es finden?
Markiere diese Bilder und trage die Anzahl in das Kästchen ein.

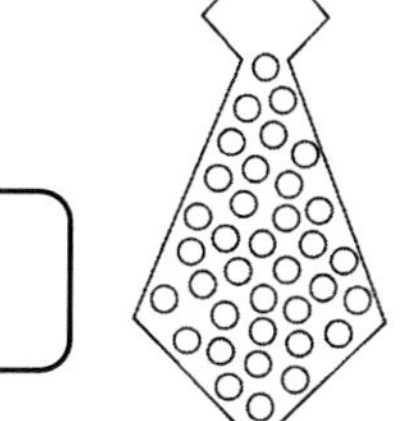

KOHL VERLAG
Aufmerksamkeit lenken & Konzentraton halten
Band 2: Richtungen, Größen und Unterschiede erkennen – Bestell-Nr. 12 803

36 Übung zur Aufmerksamkeit und Konzentration

Schaue dir dieses Bild genau an. Wie oft kannst du es finden?
Markiere diese Bilder und trage die Anzahl in das Kästchen ein.

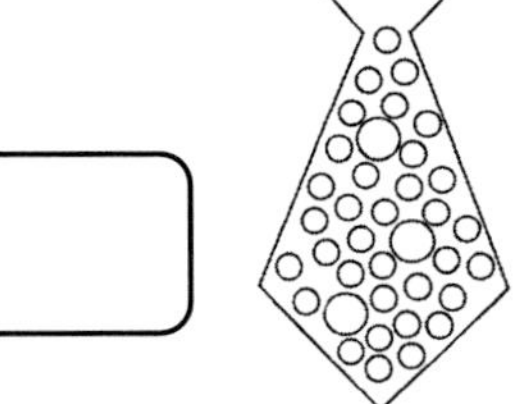

KOHL VERLAG Lernen mit Erfolg
Aufmerksamkeit lenken & Konzentraton halten
Band 2: Richtungen, Größen und Unterschiede erkennen – Bestell-Nr. 12 803

5

37 Übung zur Aufmerksamkeit und Konzentration

Schaue dir dieses Bild genau an. Wie oft kannst du es finden?
Markiere diese Bilder und trage die Anzahl in das Kästchen ein.

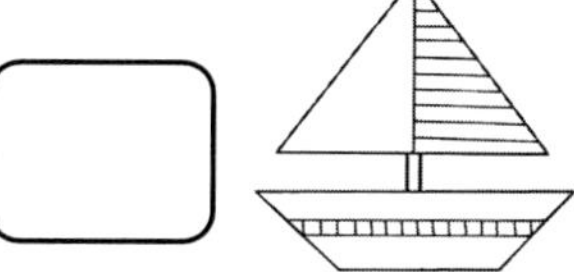

KOHL VERLAG
Aufmerksamkeit lenken & Konzentraton halten
Band 2: Richtungen, Größen und Unterschiede erkennen – Bestell-Nr. 12 803

5

38 Übung zur Aufmerksamkeit und Konzentration

Schaue dir dieses Bild genau an. Wie oft kannst du es finden?
Markiere diese Bilder und trage die Anzahl in das Kästchen ein.

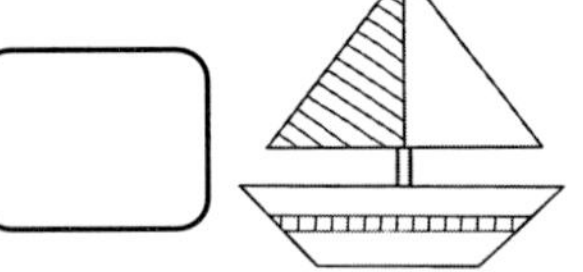

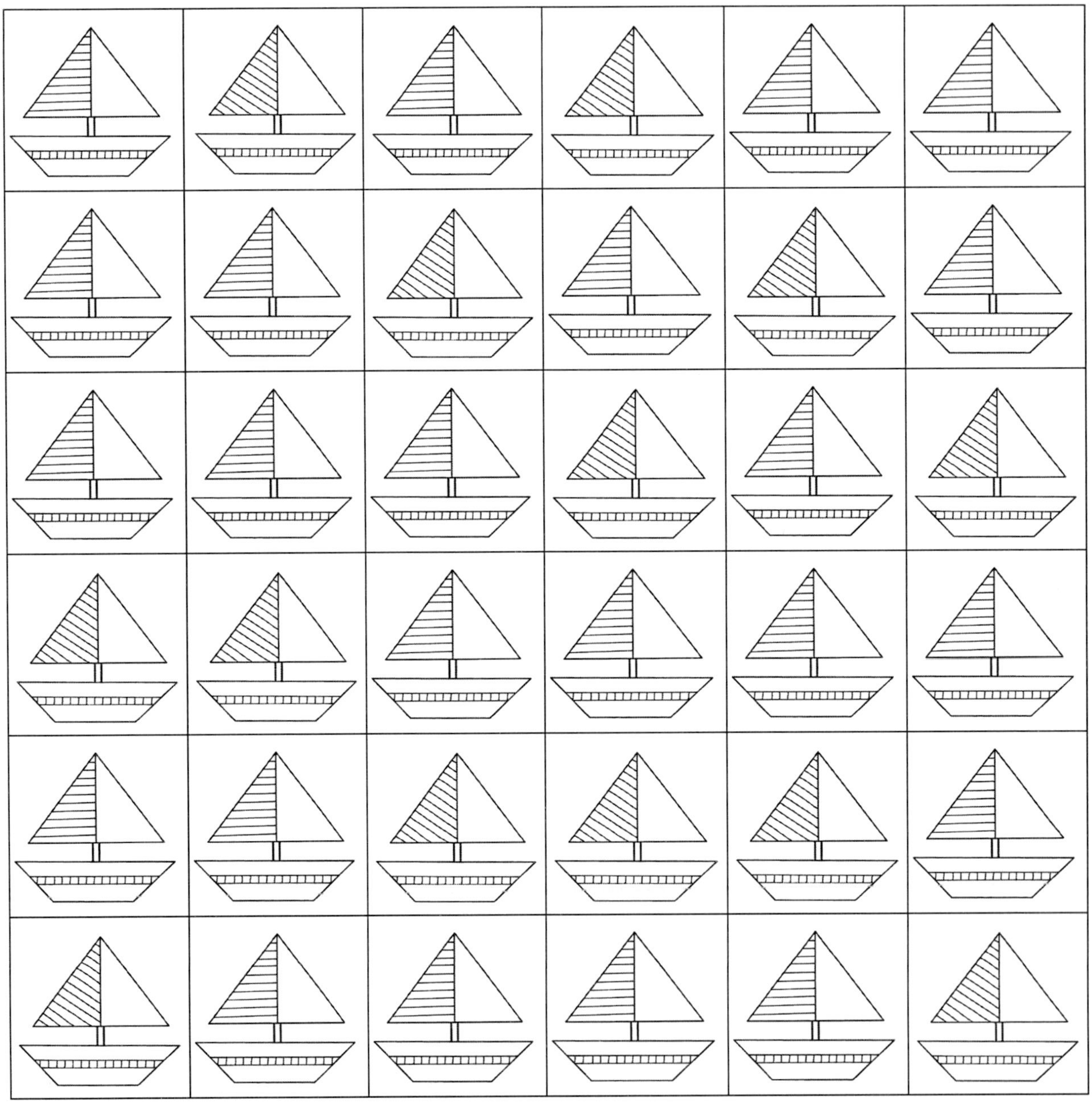

Aufmerksamkeit lenken & Konzentraton halten
Band 2: Richtungen, Größen und Unterschiede erkennen – Bestell-Nr. 12 803
KOHL VERLAG Lernen mit Erfolg

39 Übung zur Aufmerksamkeit und Konzentration

Schaue dir die Bilder genau an. Sortiere sie nach der Größe.
Fange mit dem größten Bild an und nummeriere von 1 – 9.

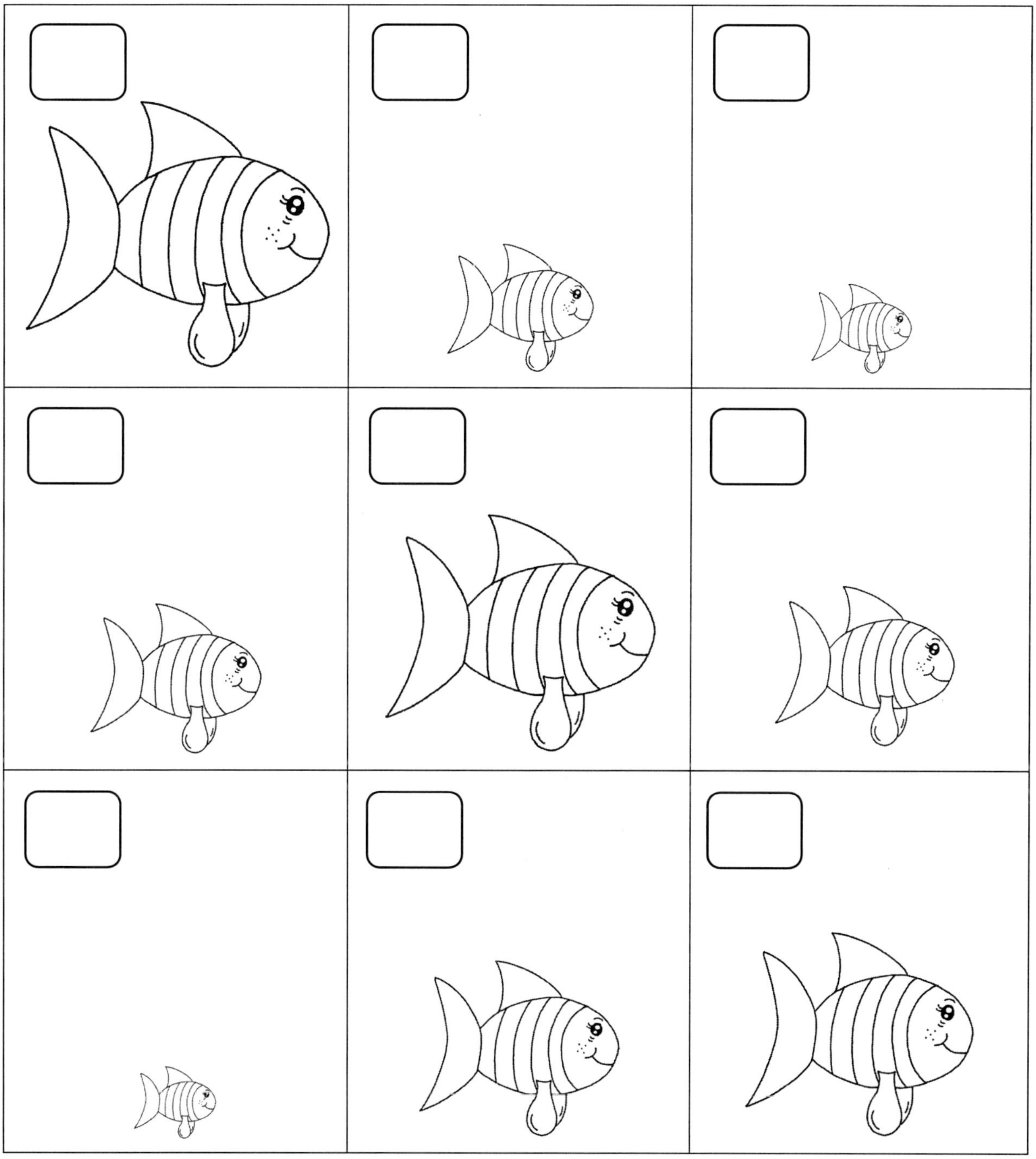

Aufmerksamkeit lenken & Konzentraton halten
Band 2: Richtungen, Größen und Unterschiede erkennen – Bestell-Nr. 12 803
KOHL VERLAG

40 Übung zur Aufmerksamkeit und Konzentration

Schaue dir die Bilder genau an. Sortiere sie nach der Größe.
Fange mit dem größten Bild an und nummeriere von 1 – 9.

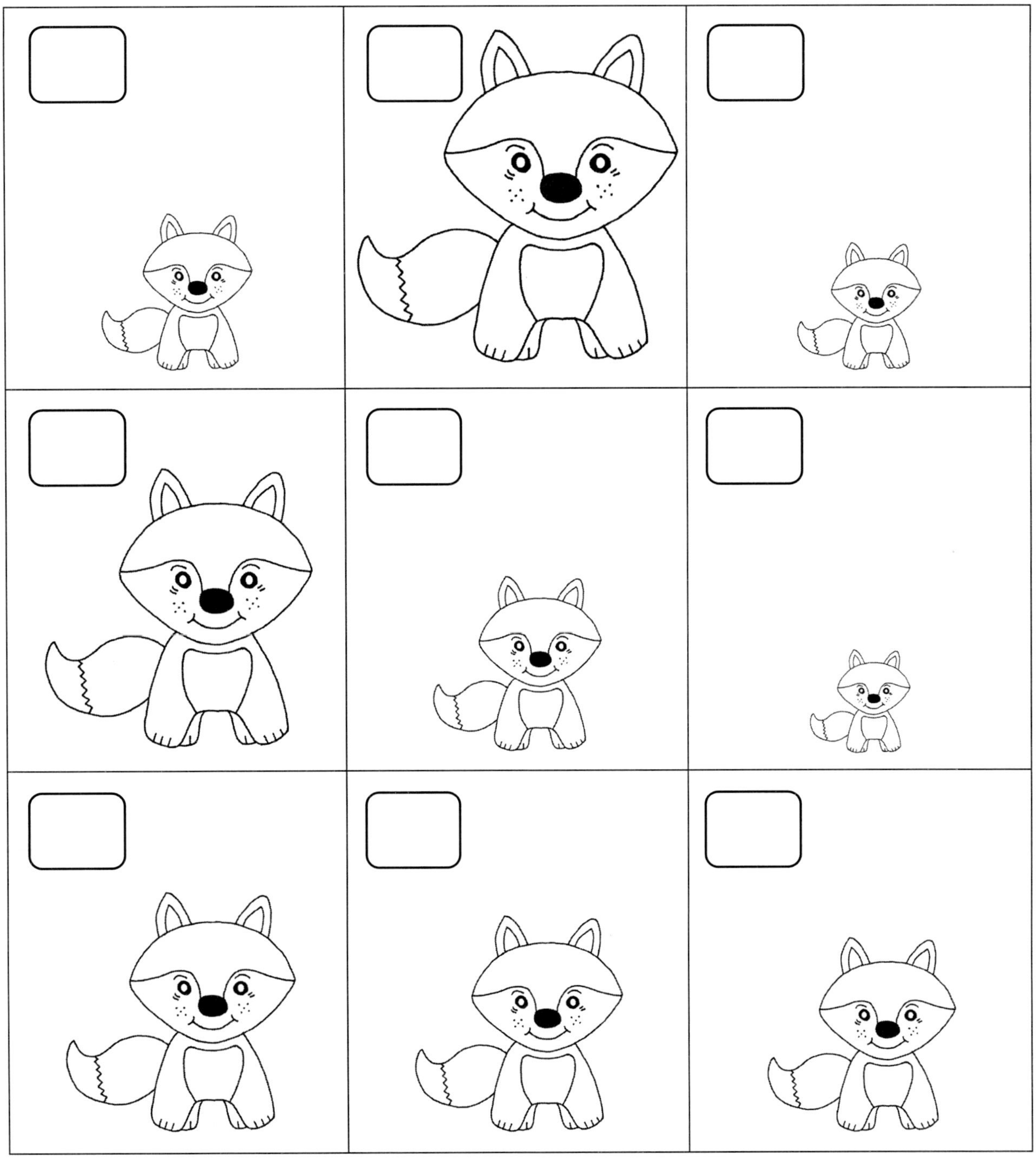

KOHL VERLAG Lernen mit Erfolg
Aufmerksamkeit lenken & Konzentraton halten
Band 2: Richtungen, Größen und Unterschiede erkennen – Bestell-Nr. 12 803

41 Übung zur Aufmerksamkeit und Konzentration

Schaue dir die Bilder genau an. Sortiere sie nach der Größe. Fange mit dem größten Bild an und nummeriere von 1 – 9.

KOHL VERLAG
Aufmerksamkeit lenken & Konzentraton halten
Band 2: Richtungen, Größen und Unterschiede erkennen – Bestell-Nr. 12 803

42 Übung zur Aufmerksamkeit und Konzentration

Schaue dir die Bilder genau an. Sortiere sie nach der Größe. Fange mit dem kleinsten Bild an und nummeriere von 1 – 9.

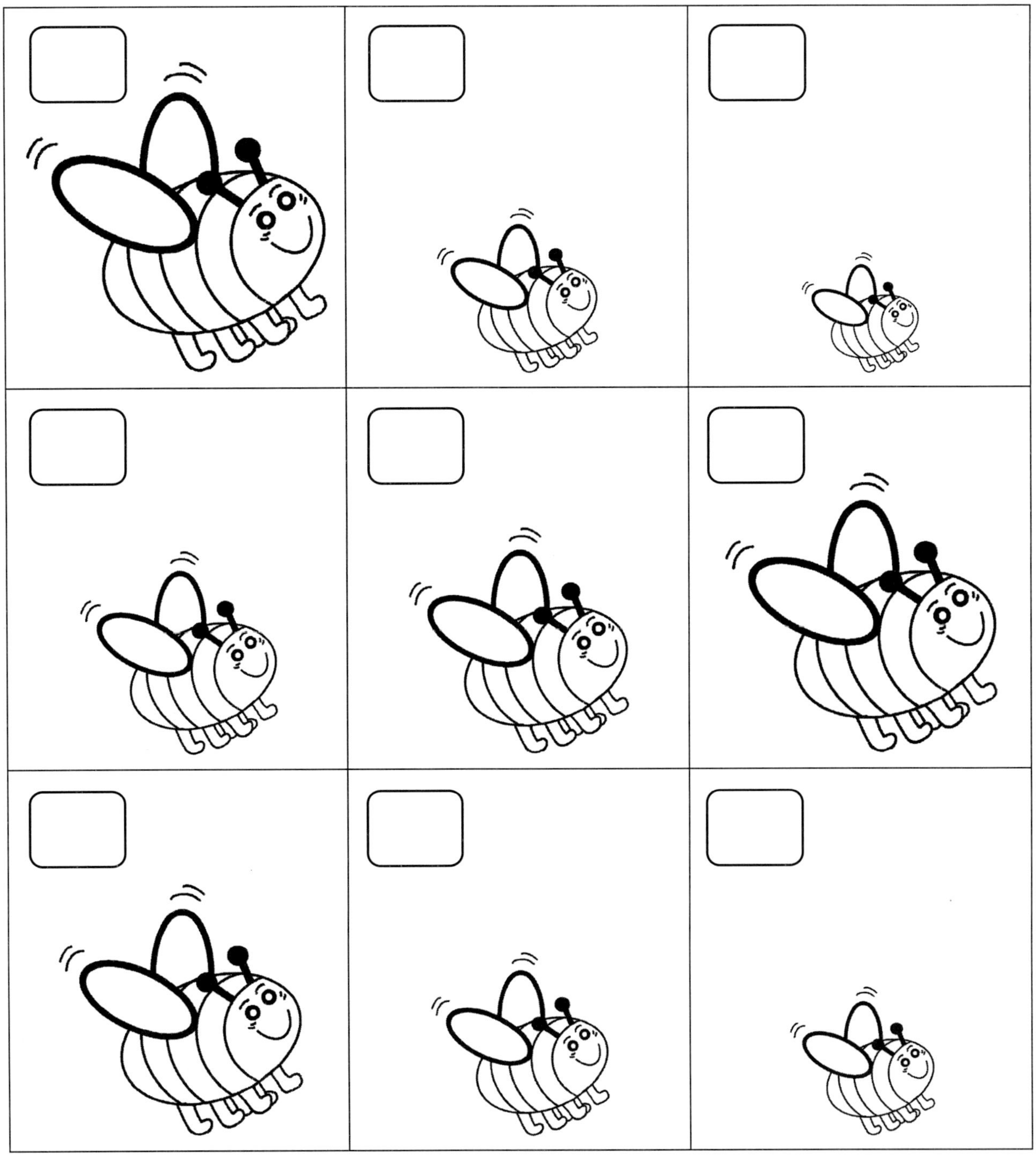

Aufmerksamkeit lenken & Konzentraton halten
Band 2: Richtungen, Größen und Unterschiede erkennen – Bestell-Nr. 12 803
KOHL VERLAG Lernen mit Erfolg

43 Übung zur Aufmerksamkeit und Konzentration

Schaue dir die Bilder genau an. Sortiere sie nach der Größe. Fange mit dem kleinsten Bild an und nummeriere von 1 – 9.

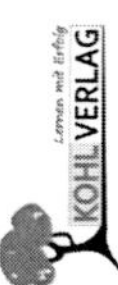
KOHL VERLAG
Aufmerksamkeit lenken & Konzentraton halten
Band 2: Richtungen, Größen und Unterschiede erkennen – Bestell-Nr. 12 803

44 Übung zur Aufmerksamkeit und Konzentration

Schaue dir die Bilder genau an. Sortiere sie nach der Größe. Fange mit dem kleinsten Bild an und nummeriere von 1 – 9.

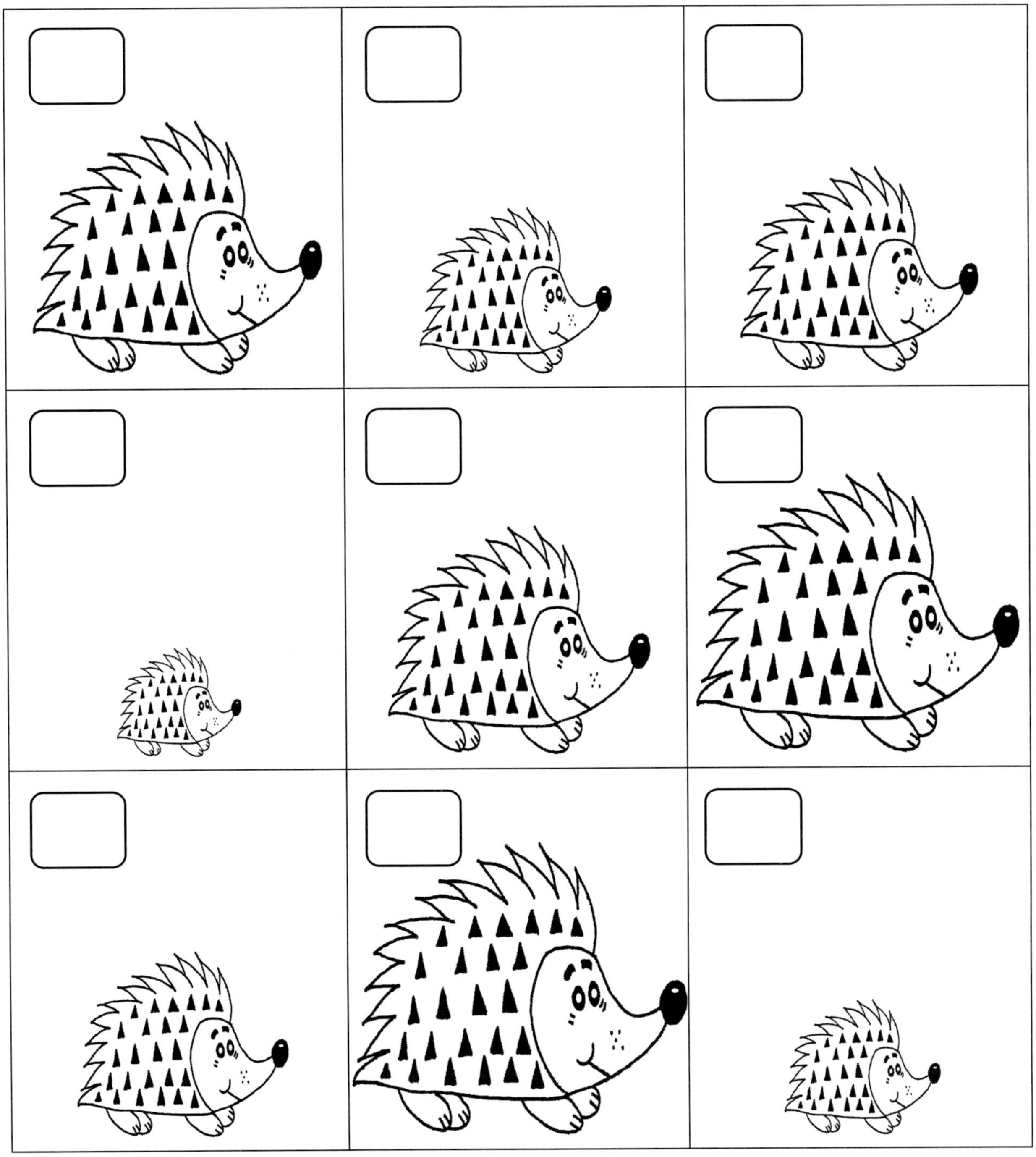

Aufmerksamkeit lenken & Konzentraton halten
Band 2: Richtungen, Größen und Unterschiede erkennen – Bestell-Nr. 12 803
KOHL VERLAG Lernen mit Erfolg

45 Übung zur Aufmerksamkeit und Konzentration

Schaue dir die Bilder genau an. Zwei (2) Bilder passen nicht zu den anderen Bildern? Markiere diese Bilder!

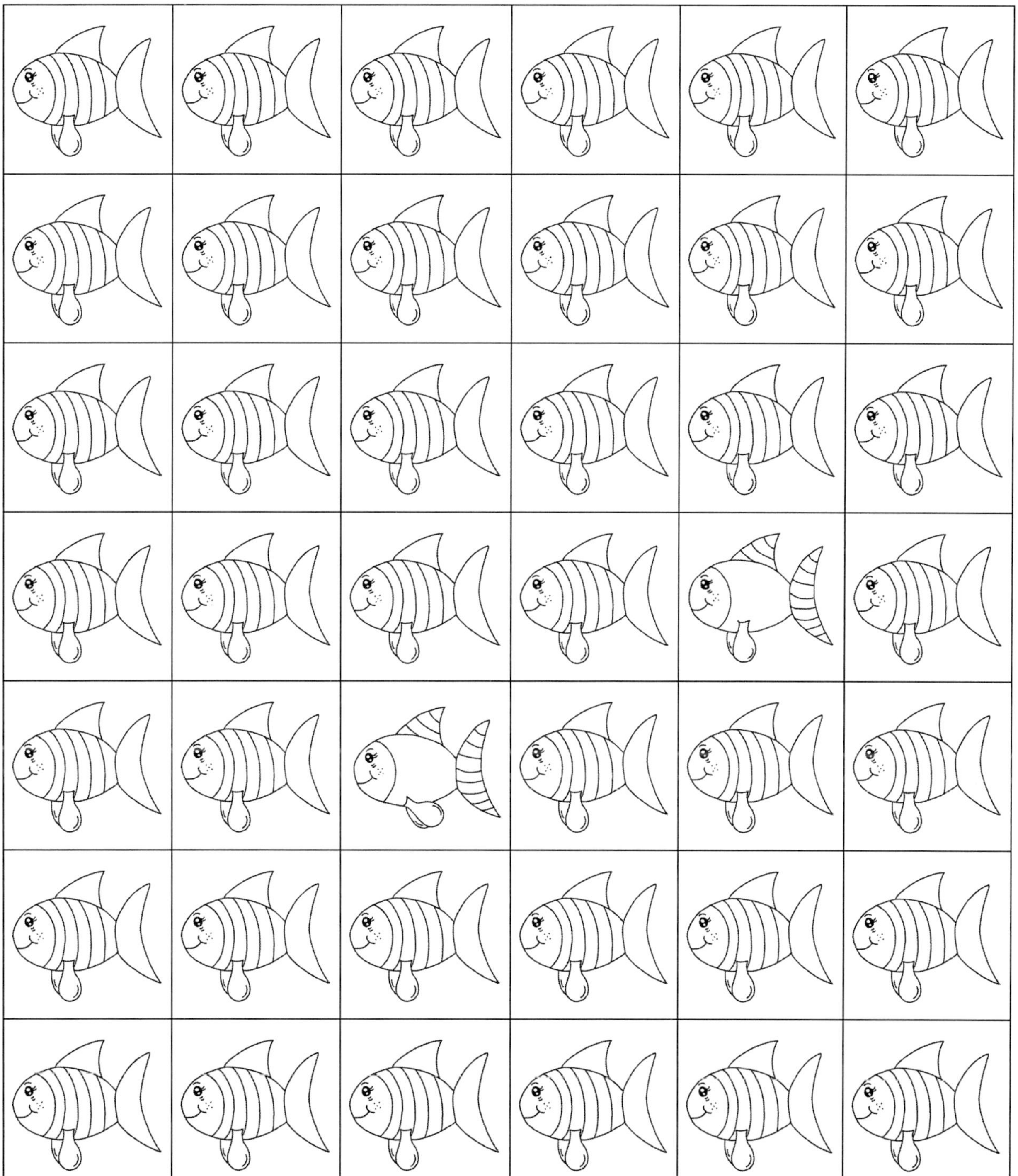

46 Übung zur Aufmerksamkeit und Konzentration

Schaue dir die Bilder genau an. Ein (1) Bild passt nicht zu den anderen Bildern? Markiere dieses Bild!

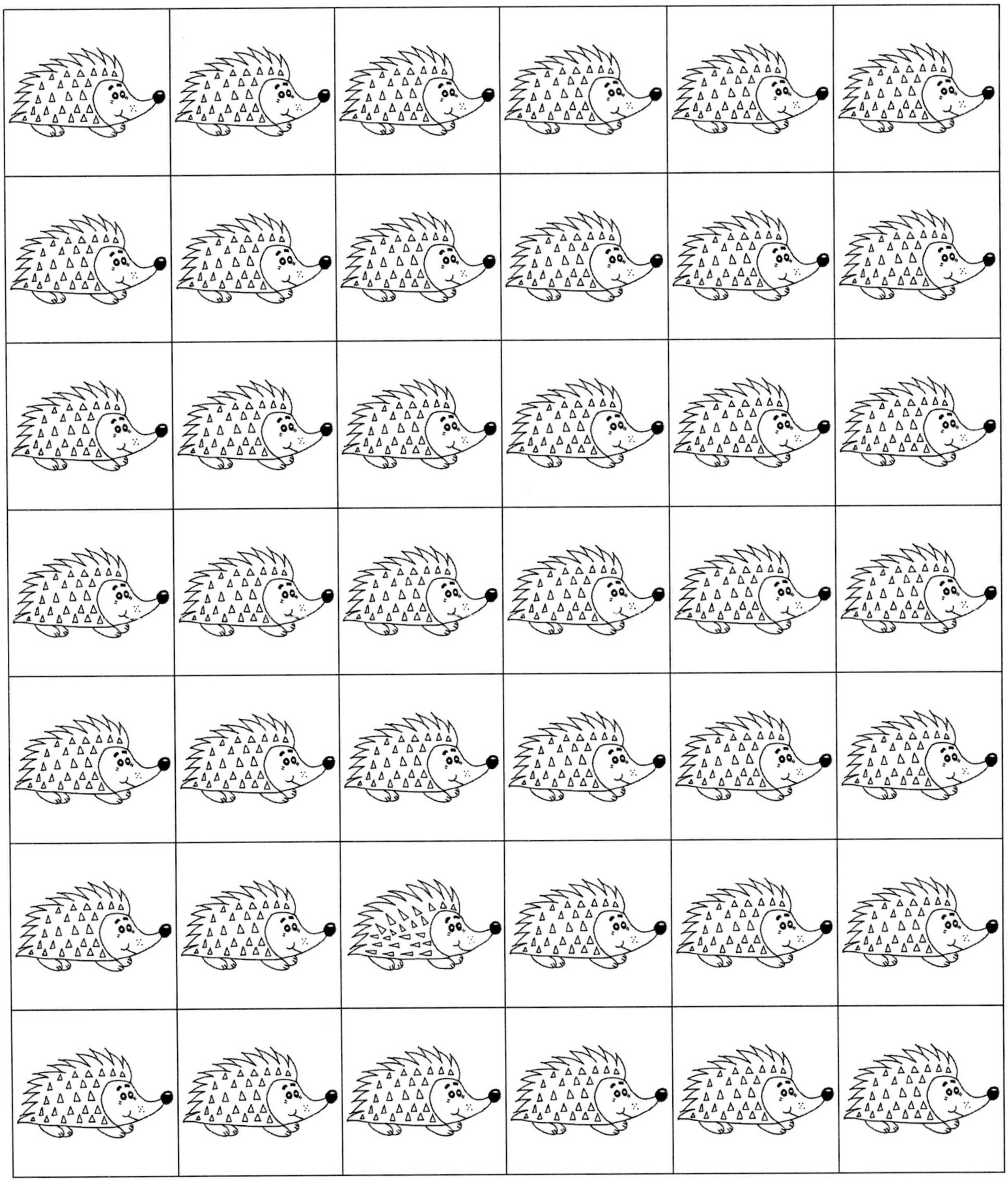

KOHL VERLAG Lernen mit Erfolg
Aufmerksamkeit lenken & Konzentraton halten
Band 2: Richtungen, Größen und Unterschiede erkennen – Bestell-Nr. 12 803

47 Übung zur Aufmerksamkeit und Konzentration

Schaue dir die Bilder genau an. Vier (4) Bilder passen nicht zu den anderen Bildern? Markiere diese Bilder!

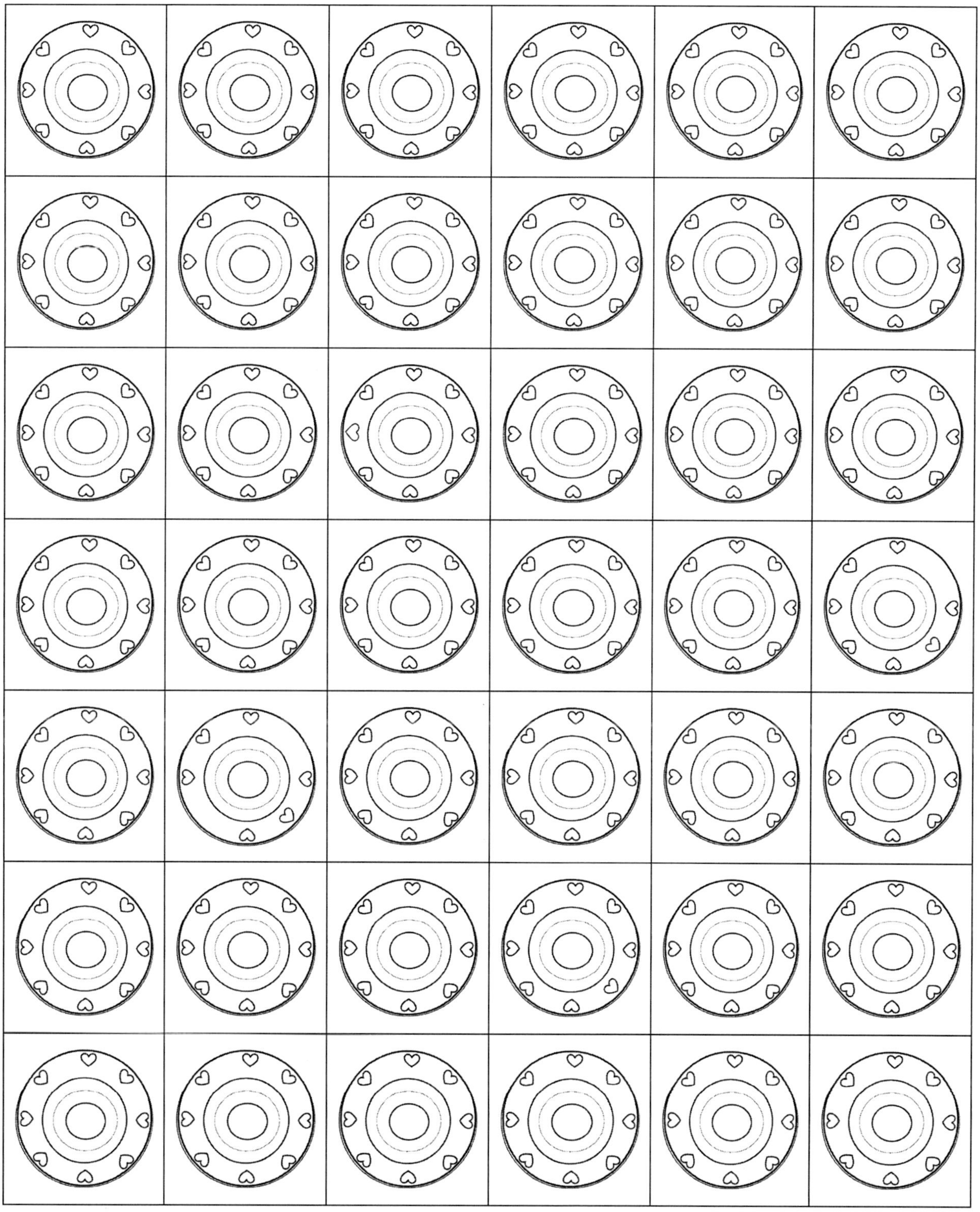

KOHL VERLAG Lernen mit Erfolg
Aufmerksamkeit lenken & Konzentraton halten
Band 2: Richtungen, Größen und Unterschiede erkennen – Bestell-Nr. 12 803

48 Übung zur Aufmerksamkeit und Konzentration

Schaue dir die Bilder genau an. Zwei (2) Bilder passen nicht zu den anderen Bildern? Markiere diese Bilder!

KOHL VERLAG Lernen mit Erfolg
Aufmerksamkeit lenken & Konzentraton halten
Band 2: Richtungen, Größen und Unterschiede erkennen – Bestell-Nr. 12 803

49 Übung zur Aufmerksamkeit und Konzentration

Schaue dir die Bilder genau an. Drei (3) Bilder passen nicht zu den anderen Bildern? Markiere diese Bilder!

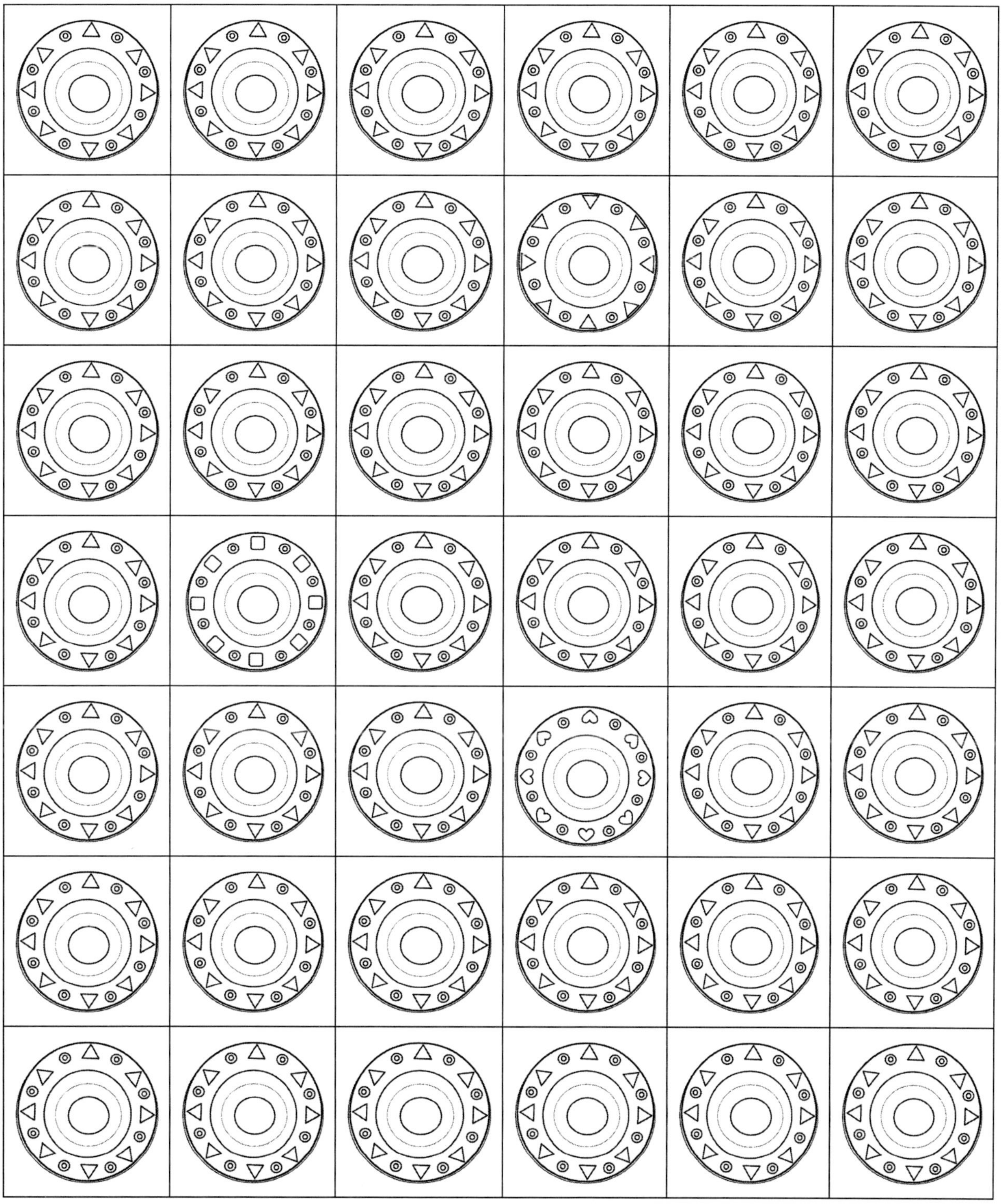

Aufmerksamkeit lenken & Konzentraton halten
Band 2: Richtungen, Größen und Unterschiede erkennen – Bestell-Nr. 12 803
KOHL VERLAG

8

50 Übung zur Aufmerksamkeit und Konzentration

Schaue dir die Bilder genau an. Wie viele Pilze kannst du sehen?
Zähle die Bilder und trage die Anzahl in das Kästchen.

Aufmerksamkeit lenken & Konzentraton halten
Band 2: Richtungen, Größen und Unterschiede erkennen – Bestell-Nr. 12 303
KOHL VERLAG

51 Übung zur Aufmerksamkeit und Konzentration

Schaue dir die Bilder genau an. Wie viele Fische kannst du sehen?
Zähle die Bilder und trage die Anzahl in das Kästchen.

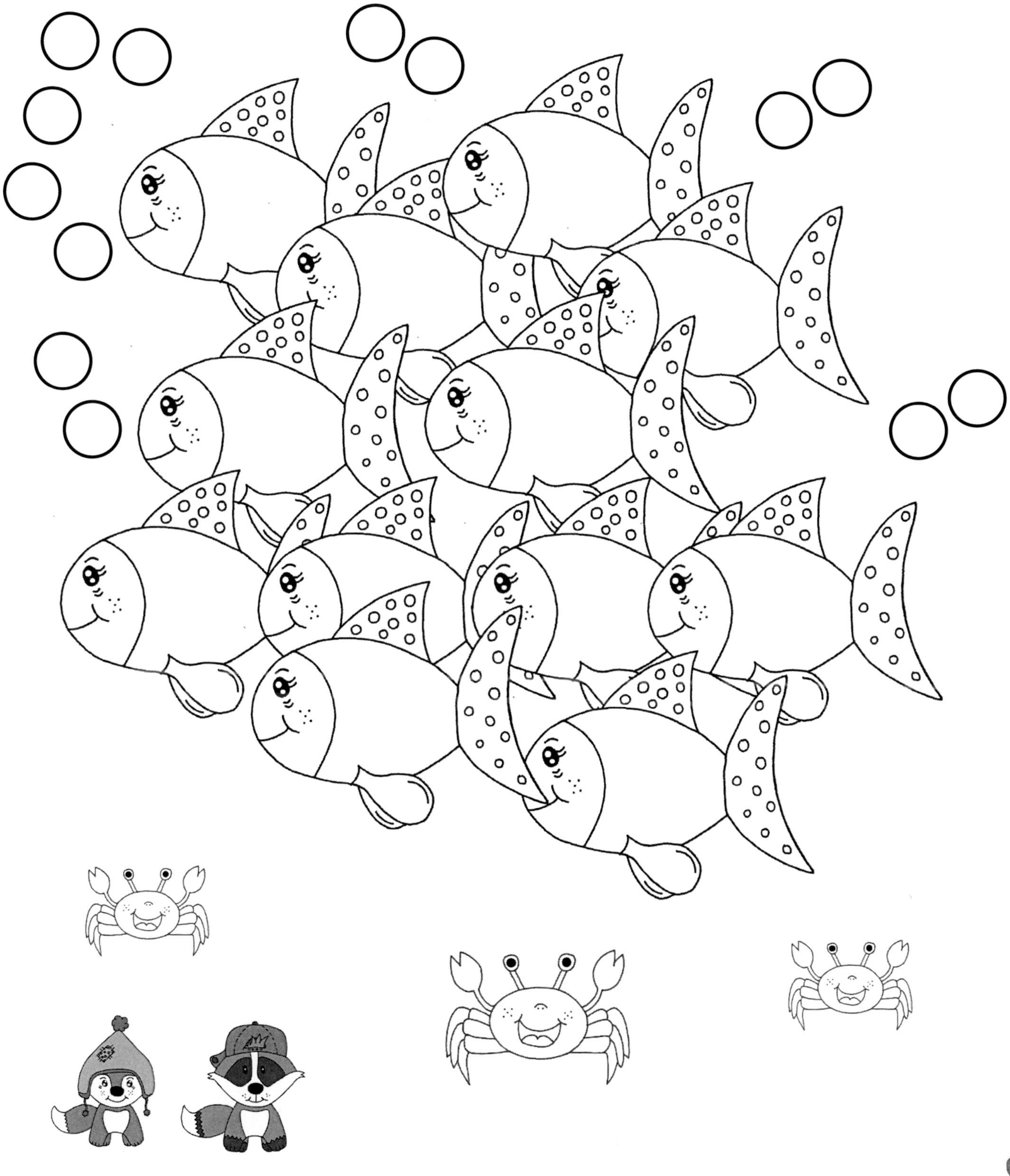

52 Übung zur Aufmerksamkeit und Konzentration

Schaue dir die Bilder genau an. Wie viele Schiffe kannst du sehen?
Zähle die Bilder und trage die Anzahl in das Kästchen.

KOHL VERLAG Aufmerksamkeit lenken & Konzentraton halten Band 2: Richtungen, Größen und Unterschiede erkennen – Bestell-Nr. 12 803

8

53 Übung zur Aufmerksamkeit und Konzentration

Schaue dir die Bilder genau an. Wie viele Häuser kannst du sehen?
Zähle die Bilder und trage die Anzahl in das Kästchen.

54 Übung zur Aufmerksamkeit und Konzentration

Schaue dir die Bilder genau an. Wie viele Waschbären kannst du sehen? Zähle die Bilder und trage die Anzahl in das Kästchen.

Aufmerksamkeit lenken & Konzentraton halten
Band 2: Richtungen, Größen und Unterschiede erkennen – Bestell-Nr. 12 803
KOHL VERLAG

9

Lösungen

1

 **5**

2

 **6**

3

 **6**

4

 **9**

5

4

6

 **5**

7

 **3**

8

 **6**

9

 **4**

10

 **6**

11

 **3**

12

 **4**

13

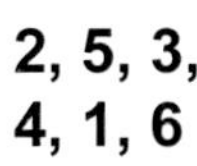

2, 5, 3, 4, 1, 6

14

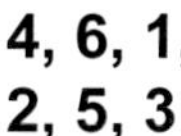

4, 6, 1, 2, 5, 3

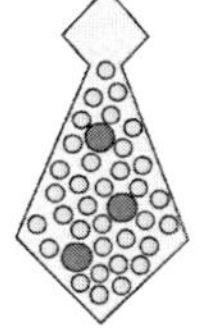

15

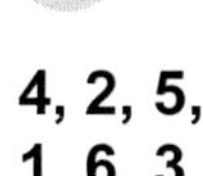

4, 2, 5, 1, 6, 3

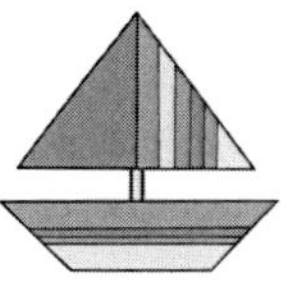

16

4, 2, 6, 5, 1, 3

17

3, 4, 1, 6, 2, 5

18

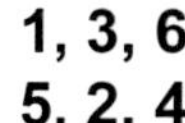

1, 3, 6, 5, 2, 4

KOHL VERLAG Aufmerksamkeit lenken & Konzentraton halten Band 2: Richtungen, Größen und Unterschiede erkennen – Bestell-Nr. 12 803

9

Lösungen

19

9

20

12

21

7

22

14

23

11

24

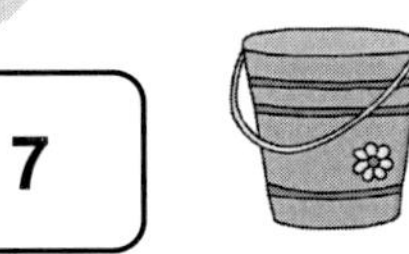

7

25

15

26

10

27

13

28

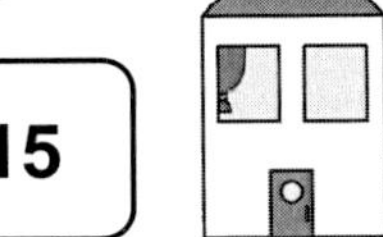

15

29

5

30

16

31

5

32

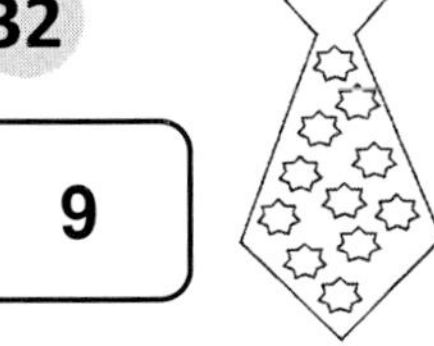

9

33

12

34

7

35

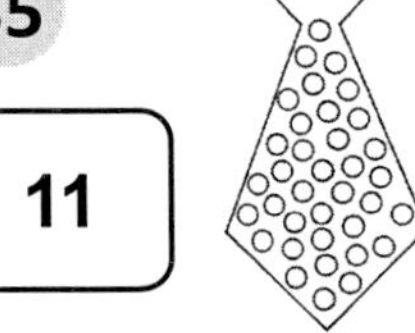

11

36

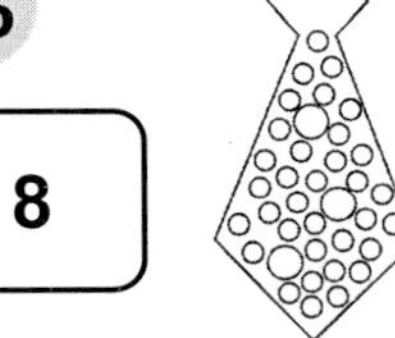

8

Aufmerksamkeit lenken & Konzentraton halten
Band 2: Richtungen, Größen und Unterschiede erkennen – Bestell-Nr. 12 803
KOHL VERLAG

Lösungen

37

10

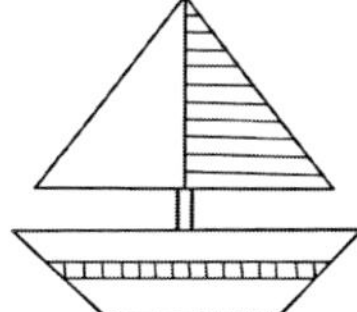

38

13

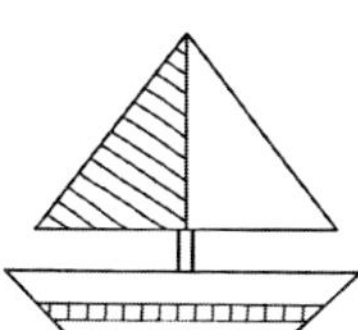

39

1, 7, 8
6, 2, 5
9, 4, 3

40

7, 1, 8
2, 6, 9
3, 4, 5

41

2, 7, 6
8, 3, 1
4, 9, 5

42

9, 3, 1
5, 6, 8
7, 4, 2

43

2, 6, 4
5, 9, 1
7, 3, 8

44

7, 3, 5
1, 6, 8
4, 9, 2

45

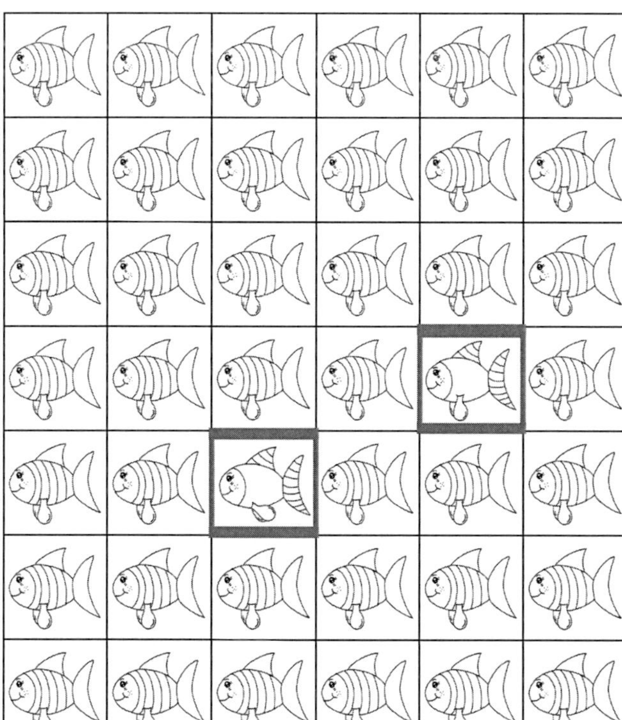

12

Lösungen

46

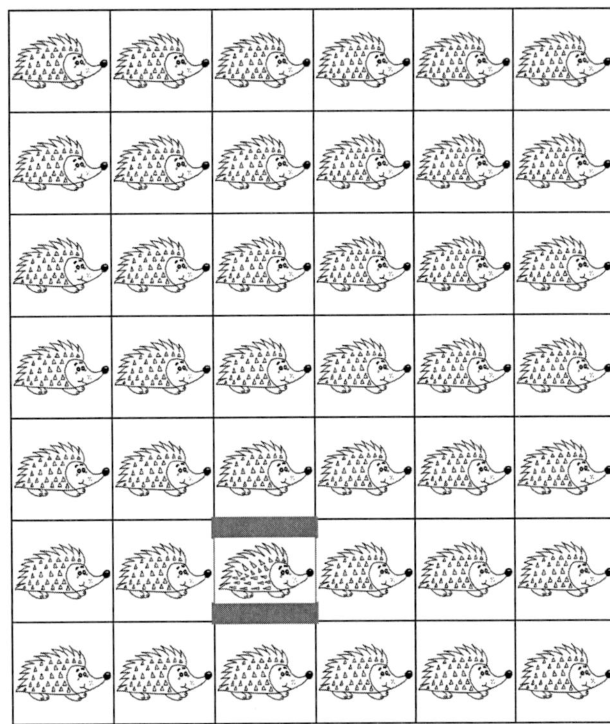

47

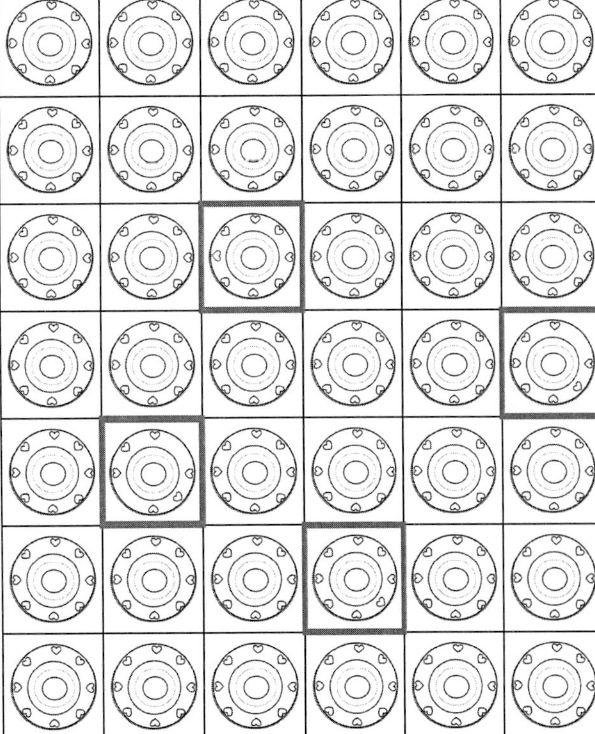

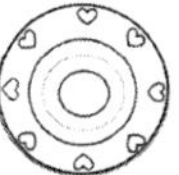 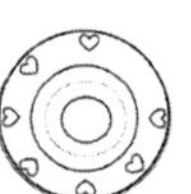 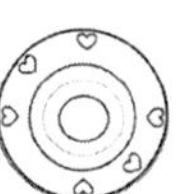 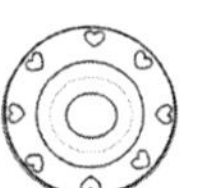

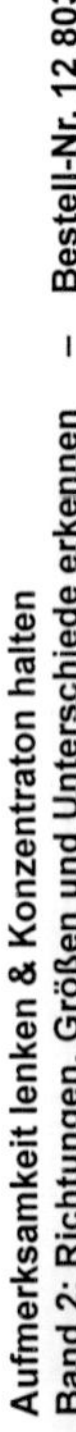

Lösungen

48

 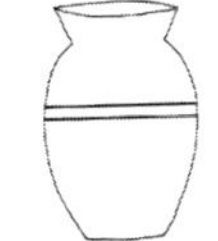

49

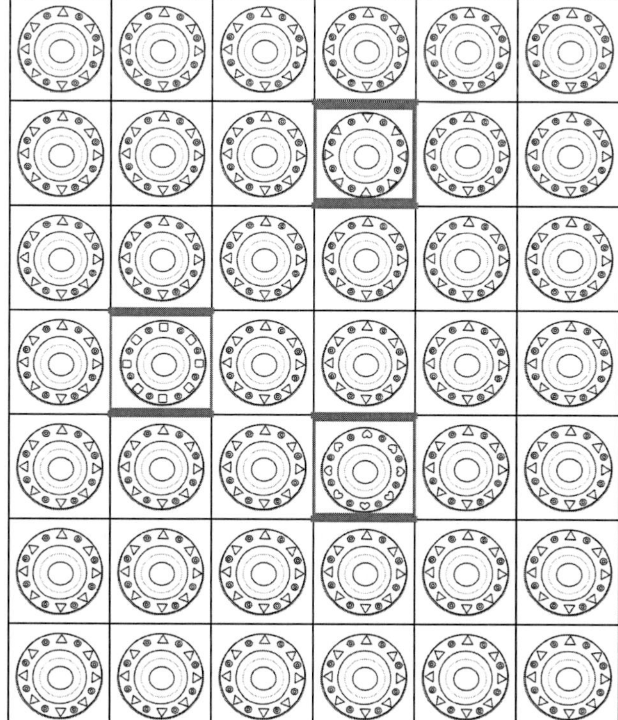

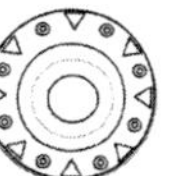 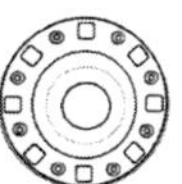 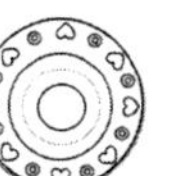

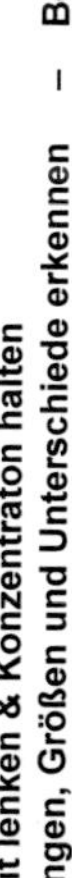

KOHL VERLAG

Lösungen

50

7

51

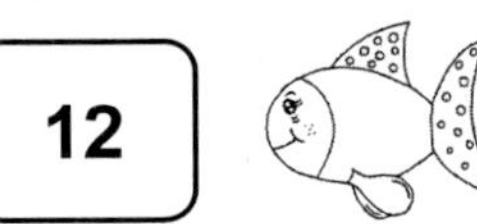

12

52

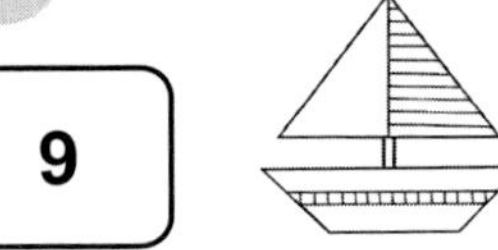

9

53

15

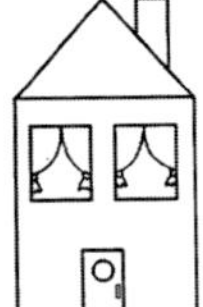

54

13

Aufmerksamkeit lenken & Konzentraton halten
Band 2: Richtungen, Größen und Unterschiede erkennen – Bestell-Nr. 12 803
KOHL VERLAG Lernen mit Erfolg